# 61 GRÜNDE, NIE WIEDER ZU DATEN!

*Single-Mum, Karriere, Dating-Chaos & Mr. Right:*
*Wie ich alles lernte, aber niemanden kennen*

Tess Lioness

TESS LIONESS.

# 61 Gründe, NIE WIEDER zu daten!

SINGLE-MUM, KARRIERE, DATING-CHAOS & MR. RIGHT:
WIE ICH ALLES LERNTE, ABER NIEMANDEN KENNEN

ISBN: 978-3-00-077165-1
1. Auflage

Korrektorat/Lektorat: Tess Lioness
Buchsatz/Layout: Kathrin Lembcke

# Inhalt

# Widmung

Ich widme dieses Buch all den alleinerziehenden Müttern und Vätern, die dasselbe durchgemacht haben, es noch durchmachen oder leider noch in diese Situation hineinkommen werden. Außerdem widme ich es meinem Ex-Mann und meinem damaligen besten Freund, meinem Löwenherz. Ich wünsche mir, dass ihr beide irgendwann euer eigenes Licht entdeckt und den Weg der Heilung beschreitet. An meine Dates, ganz egal ob ihr mich bewusst hintergangen habt oder unbewusst, wisst, dass ihr mich echt verletzt habt. Und dennoch wünsche ich euch Heilung und dass ihr mutig genug seid, irgendwann euren eigenen Heilungsweg zu gehen. Denn glaubt mir eins, auf kurz oder lang gibt es kein Entkommen.

Ich widme dieses Buch auch allen, die mich damals bezüglich des Schreibens belächelt haben, ja, sogar ausgelacht haben – wegen meiner Idee, meines Aussehens und allem anderen. Wie ihr seht, habe ich an Selbstvertrauen und Selbstbewusstsein zugenommen, und dafür sind die Pfunde gepurzelt.

Ich möchte dir als alleinerziehende Mutter und alleinerziehendem Vater mit auf den Weg geben, dass du bitte niemals aufhören darfst, an dich selbst zu glauben. Wisse, dass du zu jederzeit gut genug bist. Vergiss bitte eins nicht, das, was andere als Paar zu zweit nicht mal gewuppt kriegen, bewältigen wir alleine als Single-Elternteile, ohne Wenn und Aber. Wir sind Mutter und Vater in einer Person. Wir treffen täglich unsere Entscheidungen ganz alleine, ohne einen Berater oder eine Beraterin als PartnerIn an unserer Seite zu haben. Nebenbei gehst du vielleicht auch noch arbeiten, damit du deinem(e) Kind(ern) nach bestem Wissen und Gewissen ein gutes Leben ermöglichen kannst. Niemand bekommt deine täglichen Herausforderungen mit, deine Tränen, deine Stimmungsschwankungen oder sogar wie es ist, mit einem nicht gesunden Kind zu leben. Jeden Tag motivierst du dein Kind, versorgst es gesundheitlich Tag und Nacht, behältst Wünsche, Bedarf und Sorgen im Blick und bleibst dennoch gelassen dabei. Ich weiß, dass du ständig im Funktionieren bist – gib nicht auf, denn ich tue es auch nicht.

Daher sei nicht zu streng mit dir selbst. Gehe nicht zu hart mit dir ins Gericht. Dein Tag hat auch nur 24 Stunden. Also sage ich dir: Stelle niemals dein Licht unter den Scheffel, denn du bist einzigartig, besonders und stark wie eine Löwenmutter oder ein Löwenvater. Gönn dir so viel wie möglich »Me-Time«.

Deine Tess

# Vorwort

Dieses Buch behandelt meine Dating-Erfahrungen als Single-Mum mit einem 12-jährigen Kind, das ein gesundheitliches Handicap hat, welches besonders nachts sehr herausfordernd ist, da ich phasenweise nur wenig Schlaf bekomme. Zudem arbeite ich als Sozialarbeiterin in einer 30-Stunden-Woche mit zusätzlichen Überstunden. Trotzdem geht der Alltag weiter und ich erfülle meine vielen Rollen, ohne meine Erschöpfung nach außen zu zeigen. In diesem Sommer bin ich 43 Jahre alt geworden und möchte 61 Gründe für mein Single-Dasein vorstellen. Vielleicht werden sich einige in diesen Gründen wiedererkennen und angesprochen fühlen.

Ich möchte mich im Voraus für potenziell negative Anmerkungen über meine Dating-Partner entschuldigen. Die Beispiele, die ich nenne, dienen nicht der Belustigung, sondern sind meine Art, meine Verletzungen und Enttäuschungen der letzten Jahre zu verarbeiten. Daher habe ich bestimmten Männern, die eine besondere Spur in meiner Seele hinterlassen haben, Kosenamen gegeben oder ihre Kapitel ausführlicher gestaltet. Andere Kapitel sind kürzer gehalten.

Sollte einer dieser Männer dieses Buch jemals lesen und sich in einem Kapitel wiederfinden, so sei dir bewusst, dass du wundervoll bist. Du warst ein weiteres Puzzleteil auf meiner Reise zur seelischen Heilung und dafür danke ich dir von Herzen. Dennoch empfehle ich dir, im Umgang mit zukünftigen Beziehungen das Gegenteil von deinem damaligen Verhalten mir gegenüber zu wählen, um erfolgreich zu sein.

Ich bitte darum, meine Satzformulierungen nicht falsch aufzufassen. Jeder von uns liest zwischen den Zeilen anders, und manchmal können die Beispiele etwas schroff oder feindselig wirken. Das ist jedoch nicht meine Absicht, alle Männer in einen Topf zu werfen. Meine Einstellungen, Meinungen, Verletzungen und Enttäuschungen basieren auf den Männern, die ich gedatet habe.

Bitte habe Verständnis für meine persönliche Geschichte, die ich gerne mit dir teilen möchte. Meine Erfahrungen und Lehren aus diesen Beziehungen haben im Laufe der Zeit meine Intuition gestärkt und geschärft. Mein Bauchgefühl hat meine Vermutungen bestätigt. Betrachte dieses Buch als Ratgeber, Unterhaltung oder folge deinem eigenen Bauchgefühl. Niemand hat das Recht, uns vorzuschreiben, was wir fühlen, wie wir uns verhalten sollen oder was wir denken sollen.

# Rückblick und wie alles begann – Die Begegnung mit meiner Dualseele

> *»Mit einem Kuss wecke ich dich auf,*
> *damit du beginnst, dich selbst zu heilen.«*

Der Grund für mein Single-Dasein ist teilweise unerklärlich für mich. Obwohl ich mich intensiv mit Persönlichkeitsentwicklung beschäftigt und mich immer wieder reflektiert und transformiert habe, bleibt ein Teil meiner Situation rätselhaft. Mein Leben ist eine Reise des lebenslangen Lernens und dazu gehört auch die Selbstliebe. Meine Begegnung mit meinem Dualseelenpartner am 02.07.2018 auf einer Dating-App hat mir dabei geholfen. Das Wort »Erkenntnis« beinhaltet »erkennen«. Jeder muss selbst erkennen. Niemand kann einem seine Sichtweise aufzwingen. Erkenne, lerne und meistere die Prüfungen des Universums, bis du die Lektion verstanden hast.

Bevor ich zu meinen 61 Gründen für mein Single-Dasein komme, erkläre ich kurz, was eine Dualseele bzw. Dualseelenpartnerschaft ist. Zu diesem Zeitpunkt war meine Ehe bereits am Bröckeln, und im Mai 2017 gestand mir mein Ex-Mann (karmischer Lernpartner), dass er mich Jahre zuvor betrogen hatte. Zu diesem Zeitpunkt schrieb ich gerade meine erste Bachelorarbeit und hatte mit Mobbing am Arbeitsplatz und meiner Arbeit als Erzieherin in der stationären Jugendhilfe zu kämpfen. Trotzdem blieb ich bei ihm, um meinem Kind getrennte Eltern zu ersparen. Meine Verbindung zur Spiritualität war damals noch schwach.

Meine persönliche Erfahrung mit einer offenen Beziehung begann im Februar 2018. Mein Dualseelenpartner und ich hatten eine intensive Bindung. Wir verliebten uns ineinander, obwohl ich meinen damaligen Mann nicht verlassen konnte wegen Verpflichtungen und meinem Kind. Unsere Verbindung war intensiv, aber auch komplex, und wir blieben miteinander und doch getrennt. Jeder von uns traf andere Menschen, was mich eifersüchtig machte. Schmerz und Eifersucht waren neu für mich. Dieser Schmerz wuchs und wurde unerträglich. Es begann eine Phase des Hin und Her mit meinem Dualseelenpartner. Nummern wurden gelöscht, wieder gespeichert, blockiert und dann entblockiert. Das volle Programm, sowohl von ihm als auch von mir. Wir haben uns gegenseitig angeschrien, beleidigt, gehasst und dann doch wieder versöhnt. Am 18.12.2018 hatte ich einen heftigen Autounfall und alles geriet ins Wanken: ich, mein Leben, meine Ehe und meine Freundschaften. Mein Dualseelenpartner, der mittlerweile auch mein bester Freund geworden war, schickte mir in dem Moment, als der Unfall passierte, eine Nachricht und fragte, ob alles in Ordnung sei. Das ist für mich Telepathie. Er wollte mich im Krankenhaus besuchen, aber er wusste, dass mein damaliger Ehemann bei mir war, also blieb er im Hintergrund. Glücklicherweise trug ich außer ein paar Hämatomen keine schweren Verletzungen davon, doch mein Auto war ein Totalschaden.

Im Februar 2019 beendete ich die offene Ehe und Anfang Mai 2019 trennte ich mich endgültig von meinem Ex-Mann. Nachdem mein Ex-Mann sich nicht einmal nach meinem Unfall erkundigt hatte und mein Alltag mit Haushalt und Kind ohne jegliche Unterstützung weiterging, wurde mir klar, dass unsere Beziehung keine Ehe mehr war, nicht einmal mehr eine Freundschaft. Einige von euch mögen denken, wie jemand so gefühllos sein kann, wenn seine Frau einen Autounfall hatte – damals habe ich das auch gedacht. Mittlerweile glaube ich, dass alles seine Berechtigung hat.

Ich war seit dem Unfall auf eine intensive Art und Weise dem Glauben an Gott nähergekommen, was dazu führte, dass die offene Ehe, die aus Verzweiflung entstanden war, für mich sinnlos erschien. Im Juni 2019, nur vier Wochen nach meiner freundschaftlichen Trennung von meinem Ex-Mann, gestand ich meiner Dualseele meine Liebe. Ich wusste, dass er dasselbe empfand, aber er leugnete es. Im Juli und August 2019 reiste ich mit meinem Ex-Mann und meinem Kind in die USA zu meiner Familie väterlicherseits. Die Tickets dafür waren bereits im Januar gekauft worden, und zu diesem Zeitpunkt ahnte ich nicht, dass ich in wenigen Monaten Single sein würde.

Meine Dualseele und ich hatten von Anfang an eine telepathische Verbindung. Wir konnten unsere Sätze gegenseitig beenden und die Gefühle des anderen spüren. Wenn einer von uns krank war, spürte der andere es und rief an, um es zu bestätigen. Es ging so weit, dass ich sogar geträumt habe, er würde von seiner damaligen Freundin hintergangen, um bei ihr zu bleiben. Ja, meine Dualseele hatte in den Off-Phasen andere Beziehungen. Nun, alles kam ans Licht, und er begann, Angst vor mir zu bekommen. Er leugnete die Idee von Seelenverwandtschaft oder Dualseelenpartner, gestand aber ein, dass niemand so gut mit ihm reden und lachen konnte wie ich. Er sagte, niemand roch so gut wie ich und niemand kannte all seine Geheimnisse. Wir nannten uns wegen unseres Sternzeichens Löwe oft liebevoll »Löwenherz«. Unsere Beziehung bestand oft aus 12-monatigen Kontaktunterbrechungen.

Im September 2019, nur drei Tage nachdem ich offiziell die Trennung von meinem Ex-Mann meiner Familie verkündet habe, wurden ich und mein Dualseelenpartner als Paar intim, und er schwor, keine anderen Frauen mehr zu treffen. Doch an demselben Wochenende fand er eine neue Dame. Als ich ihn am Tag der Deutschen Einheit im Oktober 2019 traf, sah ich in seinen Augen, dass er mir etwas verschwieg. Ich war emotional am Boden zerstört. Diese emotionale Dürre dauerte zwei Jahre an, bis ich allmählich wieder zu Kräften kam. In der spirituellen Welt nennt man diesen Zustand die »dunkle Nacht der Seele«. Es war eine Zeit, in der ich mit meinen Schatten konfrontiert wurde und nicht weglaufen konnte. Je mehr ich mich dem entziehen wollte, desto mehr kamen meine alten Verletzungen aus der Vergangenheit und Vorleben hoch. Diese Phase war vergleichbar damit, ständig in die Magengrube geschlagen zu werden. Die meisten Menschen versuchen, diese Phase zu vermeiden und lenken sich stattdessen mit äußeren Ablenkungen wie Sex, Drogen, Partys, Alkohol oder Sport ab. Selbst meine Dating Partner ähnelten ihm oder waren auch Araber, einige aus Tunesien. Es war schwer, mit jemandem darüber zu sprechen. »Lass ihn los«, »Er ist ein Arsch«, »Typisch Araber« waren nicht hilfreiche Ratschläge, denn ich kannte sein Herz, seine Ängste und seelischen Wunden.

Nach einer dreimonatigen Kontaktsperre meinerseits schrieb ich ihm im Dezember 2019 während meiner Nachtschicht. Er freute sich darüber, doch der Kontakt brach erneut ab. Ich schrieb ihm am 13. Dezember 2019 und er gestand mir, dass er eine Freundin hatte und sie liebte. Nicht einmal drei Monate zuvor hatte er mich mit einer anderen betrogen, weil er noch nicht für eine feste Partnerschaft bereit war. Ich war verwirrt und wütend, doch ich wünschte ihnen beiden alles Gute. Am 22. Dezember 2019 rief er mich an, nachdem ich gerade meinen Mietvertrag unterschrieben hatte. Wir sprachen per Videoanruf und seine Stimme hatte immer eine beruhigende Wirkung auf mich gehabt. Doch ab diesem Zeitpunkt brach der Kontakt erneut ab. Wir trafen uns ein letztes Mal am 02.04.2020. Der Kontakt blieb sporadisch. Im Sommer 2020 zog er zu seiner neuen Freundin in die Stadt der Engel. Ab und zu meldete er sich und schlug Treffen vor, die jedoch nie stattfanden. Rückblickend sehe ich, dass all das einen Sinn hatte, und er diese Erfahrungen für seine persönliche Entwicklung brauchte, so wie ich meine Dates für meine persönliche Entwicklung benötigte.

Der Loslass-Prozess hat wirklich gute 2 Jahre gedauert, aber ich habe es akzeptiert und ließ ihn los. Ich dachte damals es geht nicht schlimmer, aber ich bekam heftige Depressionen als der Kontakt abbrach. Nun, ich habe mich in Freundschaft von meinem Ex-Mann getrennt, habe es vorher geschafft ihm zu vergeben, zog mit meinem Kind in eine wunderschöne gesegnete 3 Zimmerwohnung im Februar 2020. Einen Monat später hatte Corona auch Deutschland/Köln erreicht. Ich hatte ja damals meine Bachelorarbeit nicht bestanden und musste sie nochmals schreiben. Aber auch der zweite Versuch klappte nicht. Ich hatte die Hochschule verklagt gewonnen und durfte nochmals zum dritten Mal schreiben. Der Grund des zweiten Mal nicht Bestehens, war nach der Gerichtsverhandlung, dass der Professor mich nicht gemocht hat. Ein kleines Licht am Ende des Tunnels, denn ich bekam Selbstzweifel, ob ich zu blöd sei, um eine Bachelorarbeit zu bestehen. Das waren harte Zeiten und hätte ich kein Gottvertrauen gehabt, ich sag euch, ich wäre verloren gewesen. Von April 2020 begann ich im ersten Lockdown an meiner allerletzten Bachelorarbeit zu schreiben. Der letzte Versuch, um mir und meinem Kind ein gutes Leben zu ermöglichen. Alle Bibliotheken waren zu. Fragt nicht wie viel Geld ich in Bücher bei Amazon investiert habe. Juni ging es meinem Kind gesundheitlich sehr schlecht, ich arbeitete mehr als Vollzeit im Schichtdienst, da es immer wieder coronabedingt zu personellen Ausfällen kam. Ich beobachtete mein Kind, war im Austausch mit dem Kindesvater und eines Abends, am 13.07.2020 23h konnte ich regelrecht dabei zu sehen, wie der Mund meines Kindes unmittelbar nach dem Trinken staubtrocken war. Mein Verdacht viel auf Diabetes. Mein Kind hatte schon immer viel Wasser getrunken gehabt und bekam in den letzten paar Wochen vor der Diagnose starke Verstopfung und war auch wie lethargisch, träge, unfassbar kraftlos und musste oft auf die Toilette gehen. Ich informierte den Kindesvater darüber und fuhr mit meinem Kind in die Kinderklinik.

Nach einigen Untersuchungen konnte schnell festgestellt werden, dass mein Kind Diabetes Mellitus Typ 1 hatte bzw. hat und da es eine chronische Autoimmunkrankheit ist, ist es somit auch nicht heilbar. Wir wurden noch am selben Abend für 2 Wochen stationär aufgenommen, erhielten Coachings und Schulungen, damit ich Zuhause mit dem Diabetes umgehen kann. Von jetzt auf gleich war unser altes Leben vorbei, ohne Vorlaufzeit zu haben. Mein Kind hatte Glück im Unglück, denn wären wir an jenem Abend nicht in die Kinderklinik gefahren, so wäre mein Kind gestorben, da das Blut komplett übersäuert war. In diesem Zeitraum schrieb ich meine Bachelorarbeit zu Ende im Krankenhaus, zwischen Diagnose, Schulungen und Schlaflosigkeit. Nein, der Kindesvater war keine Hilfe für uns, obwohl er die zweite Woche im Krankenhaus blieb. Ich musste parallel meine Bachelorarbeit Korrekturlesen, Wäsche waschen, meine Tiere versorgen und ständig hin und herfahren, weil der Kindesvater im Krankenhaus sich überfordert gefühlt hat. Des Weiteren musste ich die täglichen Schulungen in der Klinik wahrnehmen, damit ich Zuhause mein Kind selbst versorgen kann. Oktober 2020 machte ich endlich nach 7 Jahren Studium meinen Abschluss in Soziale Arbeit. Sechs Wochen später folgte mein Abschluss in Psycho-Physiognomik, wofür ich mich 6 Monate zuvor angemeldet hatte, da wusste ich nicht, dass ich eine Bachelorarbeit im Krankenhaus schreiben werde, während mein Kind beinahe gestorben wäre. Wie gesagt, ich fühlte mich sowas von alleingelassen, in Zeiten von Corona. Ich fühlte mich wie auf der sinkenden Titanic.

Als endlich die Entlassung aus der Kinderklinik erfolgte, etwas Routine und Ruhe in unser Leben kam, wir die Diagnose irgendwie angenommen, aber nicht verarbeitet hatten, wollte ich mich langsam und vorsichtig an das Daten heranwagen. Mit den ständigen Lockdowns, Ausgangssperren, damals nicht geimpft, war das echt kein Zuckerschlecken sage ich euch. Aber da mussten wir ja alle mehr oder weniger durch.

Und da sind wir auch schon beim Thema. DATES!!! Ich widme dieses Buch an jene Elternteile, die aufgrund äußerer Umstände, wofür sie nichts, aber auch abgrundtief nichts können, sich im Status Single und suchend wieder finden – Ja, richtig gelesen. Was für ein Bullshit, wenn ich glücklicher Single bin, brauche ich mich ja schließlich nicht auf einer Dating-

App Seite anzumelden. Macht Sinn, oder? Ja, ich weiß wie es sich anfühlt in einem metaphorischen goldenen Käfig zu sitzen und es gibt kein Entkommen – besser gesagt, ich bin der Hamster im Rad. Ich laufe und laufe und komme nicht an, jedenfalls nicht in einer Partnerschaft der bedingungslosen Liebe. Klar, bin ich glücklich auch als Single Mum, aber wer will wirklich lebenslänglich alleine bleiben? Ihr wisst schon, wie ich das meine. Ich bin ja nicht bedürftig, aber wäre schon toll, sein Glück mit einem Partner zu teilen.

Die meisten Menschen auf dieser Erde haben eine falsche und ungesunde Vorstellung dessen, was eine Partnerschaft bedeutet, geschweige denn, was eine bedingungslose Liebe bedeutet. Besser, wir beginnen von vorne. Was ist eine Beziehung/Partnerschaft und wie sieht es inhaltlich aus? Der Grund der Singlehaushalte in Köln – diese ist gegenwärtig bei fast 300.000 Singlehaushalte statistisch gesehen der Fall, weil Dank der Dating-Apps ein Wisch nach links und ein Wisch nach rechts, die Auswahl für potentielle Partner zu groß ist und jeder glaubt, dass es einen besseren Partner geben wird und sich somit nicht die Zeit nimmt eine Person in Ruhe kennenzulernen. Mann und Frau glauben sie müssten sich komplett für den Gegenüber, dem Herzmenschen, aufgeben und nach seiner bzw. ihrer Fasson leben, sich so zu präsentieren, oder gar existieren. Lass mich mal überlegen… Äh, nein!!! Nein und nochmals nein.

Dieser Schwachsinn ist aufgrund unserer Erziehung, falschen Glaubenssätzen und toxischer Beziehungen aus unserem frühen Kindsein der Vergangenheit entstanden. Ich meine, wie werden Jungs und Mädchen erzogen? Ein Junge ist in der männlichen Macherenergie, weint nicht, muss der Starke sein und für finanzielle und materielle Sicherheiten später sorgen können. Nur Status zählt an dieser Stelle. Mädchen sind in der empfänglichen weiblichen Energie. Sie sind immer gebend, fürsorglich, unterdrücken ihre Bedürfnisse, Wünsche und Bedarf, zum Wohle ihrer Mitmenschen – ganz egal ob privat oder beruflich. Am Ende landen beide Geschlechter in der Bedürftigkeit und Opfertum auf ihre eigene Art und Weise. Wir sind Schöpfer keine Opfer.

Ich werde nachher alle Gründe auflisten, warum ich immer noch Single bin und nein trotz der anfänglichen Zeit von Corona, kann und werde ich es nicht auf Corona schieben. Es tut mir für dich als Leser und Leserin leid, wenn ich hin- und herspringe. Dies ist meinen Gedanken geschuldet, weil meine Gedanken wie eine Tsunamiwelle auf mich einpreschen und ich nicht so schnell mit dem Tippen hinterherkomme. Daher seht es mir nach. Ich werde mir alles von meiner Seele schreiben, weil ich während ich am Schreiben bin, zwar nicht verzweifelt bin, aber ich frage mich dennoch, wenn alle Männer immer wieder mir dieselbe Rückmeldung gegeben haben – ich sei toll, anziehend, sexy, klug, humorvoll, lieb, nett, fürsorglich ,sie schätzen meinen Glauben und meine Spiritualität, ich sei stark, mutig, selbstbewusst, ohne Co-Abhängigkeiten, bin weder materialistisch noch auf den Kontostand des Mannes fixiert, weltoffen, nehme jeden bedingungslos an und möchte keinen Menschen umerziehen – mit Ausnahme meines minderjährigen Kindeleins – by the Way, ich liebe dich mein Seelenstern. Ich stalke keinen Mann, ich laufe keinem Mann hinterher, ich respektiere den Mann und seine Grenzen, Vorlieben und Abneigungen, denn ich bin mir durchaus über meinem Wert bewusst. Fairerweise erwarte ich nicht, dass der Mann mir hinterherläuft – schöner wäre es doch vielmehr, wenn beide aufeinander zulaufen und sich den vollen Kelch der Liebe gegenseitig überreichen. Ich nenne das Gleichberechtigung – aber bitteschön, wer nicht will, der hat schon sag ich immer. Ich habe so manche Frösche geküsst und im besten Falle entpuppte sich ein Teilzeit-Fake-Prinz. Ganz im Gegenteil. Ich gehöre zu der Fraktion, wenn der göttlich Männliche mich nicht will, dann so what, ich lösche seine Nummer, Chats und alle Bilder von demjenigen. Und doch sind es die Männer, die meine Nummer nie löschen und genauso haben diese Männer sich immer in der Vergangenheit wieder gemeldet.

Da frage ich mich berechtigterweise, warum habt ihr meine Nummer behalten? Die beste und lustigste Argumentation war von einem dieser Männer: »Ach, wollte dich mal testen, weil du behauptet hast, dass du keinen Mann stalkst«. Meine Antwort daraufhin lautetet: »Eh ja, in der Tat, das ist nicht mein Style. Next Please.« Denn es sind die Männer, die sagten: »Ach weißt du Tess, ich merke, ich bin doch noch nicht soweit. Du bist eine tolle Frau und viel weiter in deiner Entwicklung. Du hast Liebe verdient und willst lieben, aber…« Ich wiederhole nun nicht all die vorherigen Attribute meines Seins. Ok und dafür hast du z.B. 8 Dates gebraucht und am Ende Sex, damit du diese Erkenntnis erlangst? Dein Ernst Kollege? Da sag ich nur »Yallah pack und fahr, aber ganz, ganz weit weg«. So was braucht kein Mensch.

Warum ist keiner von ihnen geblieben? Die bittere Wahrheit ist, du ziehst nicht immer das an, was in dir noch heilungsbedarf hat. Ab einem gewissen Zeitpunkt ziehst du das an, was der andere in dir sieht, nämlich Licht und Liebe, was demjenigen selbst fehlt und er gerne so wie du wäre. Ich weiß, dies ist ein unfassbar kleiner Trost, aber die Wahrheit. Wie das Licht die Motten anzieht, so habe ich gefühlt immer wieder Lernpartner angezogen. Ich lernte von ihnen und diese lernten von mir. Meine Intuition verriet mir in dem Augenblick des Matchs, worin meine Prüfung lag. Der sogenannte Seelenvertrag mit meinem Gegenüber. Bevor wir auf diese Erde inkarnieren, haben unsere Seelen mit anderen Seelen sogenannte Seelenverträge abgeschlossen. Wir werden geboren, um zu lernen, unsere Berufung auszuleben, unsere Bestimmung zu finden, alte Verletzungen aus dem Vorleben zu heilen und die bedingungslose Liebe zu leben. Die wichtigste und herausforderndste Beziehung, die wir ein Leben lang leben werden, ist die Beziehung zu uns selbst. Jeder einzelne von uns muss ein Leben lang mit sich selbst zurechtkommen. Erst, wenn wir unsere eigenen Verletzungen zum größten Teil verarbeitet und geheilt haben, sind wir imstande uns selbst zu lieben, um im nächsten Schritt andere bedingungslos zu lieben. Nun fragst du dich, was heißt bedingungslos zu lieben. Ganz einfach, dies ist die vollkommene Selbstannahme. Dich selbst so anzunehmen wie du wahrhaftig bist, mit all deinen Stärken und Schwächen, Ängsten, Zweifeln, Gedanken und Gefühle. Denn das bist du. Sei authentisch und autark.

Ich glaube, ich spreche für alle alleinerziehenden Elternteile und ja ich meine auch die alleinerziehenden Väter unter Euch, denn davon gibt es mittlerweile einige. Meine Zeit als Sozialarbeiterin beim Jugendamt, lehrte mich auch, dass es viele Väter gibt, die ihre Kinder eigenständig großziehen, mit wenig oder gar keiner Unterstützung, dass WIR Alleinerziehende, insbesondere, wenn das eigene Kind ein gesundheitliches Handicap hat, es besonders schwer haben. Viele von uns gehen Teilzeit oder gar Vollzeit arbeiten, je nach Erkrankung des Kindes muss man öfters nachts aufstehen, die andauernde Müdigkeit frisst förmlich dein Nervenkostüm auf und jegliche potentielle Energiereserve ist nicht gefeit davor. Es kommt keiner und rettet dich aus dieser mieseren Lebenslage. Viele von uns haben nicht einmal den Luxus depressiv in der Ecke zu sitzen und sich in ihrem Leid zu suhlen.

Bitte nicht falsch verstehen, für alle die depressiv sind oder waren, ich habe selbst meine Depressionen gehabt. Solltest du liebe Seele gegenwärtig unter Depressionen leiden, so hole dir bitte Hilfe. Du musst es nicht allein bewerkstelligen. Ich wünsche dir und deiner Situation ganz viel Kraft und fühl dich aus der Ferne fest umarmt. Damals, vor 2018 glaubte ich nicht mal an Gott. Meine Träume waren wirklich sehr düster, aber Gott spielte immer mehr eine wichtige Rolle in ihnen und er begleitete mich durch diese schlimme Zeit.

Sollte ich mich phasenweise wiederholen, dann tut es mir sehr leid. Sei nachsichtig mit mir, denn während ich meine Sätze niederschreibe, kommen tausende Gedanken und Gefühle, die am besten zeitgleich niedergeschrieben werden wollen. Doch welcher Gedanke, welches Gefühl soll direkt geschrieben werden und somit die Aufmerksamkeit bekommen? Wir alleinerziehenden Mütter und Väter stehen jeden Tag auf, krempeln die Ärmel hoch und los geht's, ohne Wenn und Aber. Alleinerziehende Mütter und Väter sind ausnahmslos im Funktionsmodus, haben kaum Zeit wirklich ihre »Me-Time« nachzukommen. Viele von uns haben nicht mal einen Babysitter, genauso wie ich. Die Arbeit muss erledigt werden, mit oder ohne Schlaf. Bei Gott, wie viele von uns hatten Sekundenschlaf hinterm Steuer gehabt? Ich hatte einige Male diese erschreckenden Momente erleben müssen. Doch Gott und meine Schutzengel waren und sind immer an meiner Seite. Amen. Der Dank richtet sich immer an das göttliche Universum. Ich habe in der Tat in den letzten paar Jahren seit meinem heftigen Autounfall vom 18.12.2018 gelernt, an Gott zu glauben. Ich war davor ein Atheist gewesen. Besser wir vertiefen diesen Part meines Lebens nicht. Seit meinem Gottvertrauen lernte ich die kleinen Dinge des Lebens zu schätzen und wie vergänglich alles sein kann. Ich lernte Dankbarkeit, Barmherzigkeit und Demut. Und ja, am Ende lernte ich mich selbst zu lieben. Selbstliebe ist der Schlüssel des Ganzen. Wenn du nicht lernst dich selbst zu lieben, wirst du keine Liebe im Außen sehen und anziehen können. Alles an dir ist perfekt, selbst das Unperfekte an dir ist immer noch gut genug. Du bist gut genug. Und trotz der ganzen anstrengenden Arbeit an und mit dir selbst, sehnst du dich nach dem einen Menschen, der deinen wahren Wert erkennt, dich liebt und annimmt, so wie du bist. Der dankbar ist, dass du in seinem/ihrem Leben bist. Der dich in den Arm nimmt und sagt: »Hey, ich bin bei dir. Wir schaffen das, denn du bist nicht allein. Wir gehen den Weg gemeinsam«. Du fragst dich selbst, wie viele Male wirst du alleine Einkaufengehen? Wie oft trägst du deine Einkäufe alleine in die Wohnung, ins Haus hinein? Wie viele Male sitzt du alleine auf der Couch, schaust dir einen Film an und dein(e) Kind(er) schlafen nebenan? Wie viele Male gehst du alleine ins Bett, ohne dass dir jemand einen Gute-Nacht-Kuss auf dem Mund oder der Stirn gibt? Wie viele Male wirst du den Tag alleine starten und die Haustüre hinter dir schließen?

Wann wirst du aus den richtigen Gründen einen Seelenmenschen wieder ausgiebig und aus tiefstem Herzen wieder küssen, kuscheln, Sexualität und Intimität ausleben? Insbesondere, wenn man so wie ich in seinem Glauben verankert ist, kann man nicht mit jedem x-beliebigen Menschen Zweisamkeit ausleben. Vielleicht findest du dich in diesen Sätzen wieder. Es geht mir nicht darum, irgendeinen Typen zu angeln, der sich an den monatlichen Rechnungen beteiligt, mit in den Urlaub fährt, mich ins Kino begleitet, etc. Nein, denn meine Rechnungen und all den restlichen Kram habe ich seit Jahren selbst und mit Stolz erledigt. Ich möchte mich verlieben, lieben und geliebt werden, mit Haut und Haaren. Ich weiß sehr gut, wie man einen Menschen liebt. Ja, darin bin ich eine Meisterin. Aber wie es sich anfühlt, wahrhaftig geliebt zu werden – nein, das kenne ich nicht. Aber all das ist gegenwärtig nicht möglich – dieses Gegenwärtige hält nun über vier Jahre bei mir an und insbesondere seit der Diagnose meines Kindes vom 14.07.2020, ist es zeitlich gesehen ein Ding der Unmöglichkeit, einen Mann zu begegnen, der nicht nur sexuell interessiert ist. Wobei, wenn wir gerade bei dem Wort »Sex« sind. Selbst das gelingt ja nicht einmal, denn soweit kommt es ja zu 80% nicht. Liebe Leser und LeserInnen, endlich kommen wir zu dem Part meiner Geschichte, warum ich es immer noch geschafft habe, nach über vier Jahren Single zu sein. Eins darf nicht vergessen werden: Ich kann ab 19 Uhr abends, geschweige die gesamte Nacht, nie das Haus verlassen, da ich keinerlei Unterstützung habe, die mein Kind in meiner Abwesenheit betreuen könnte. Falls einer von Euch sich fragen sollte, ja nun wo ist denn der Kindesvater? Kein Kommentar. Es gibt ihn nicht mehr in meinem Leben und in dem meines Kindes. Das war seine Entscheidung, da er die Autoimmunkrankheit unseres Kindes nie ernstnahm. Mein Kind hat sich dafür entschieden, den Weg ohne ihn weiterzugehen. Der Kindesvater wurde mehrfach von diversen Stellen davor gewarnt, doch er blieb in seiner Leichtigkeit und mein Kind und ich gehen mutig und voller Inbrunst unseren Weg weiter. Da sich keiner zutraut, die Verantwortung für die Krankheit zu übernehmen, wuppe ich mein kleines Familienunternehmen eigenständig. Ja, und arbeite phasenweise sogar Vollzeit und mehr, aber in der Regel 30 Stunden pro Woche. Die Rechnungen zahlen sich nicht von alleine.... haha.

Es ist so verdammt schwer in der heutigen Zeit wirklich den wahrhaftigen Partner zu begegnen. Jemand, der loyal und authentisch ist, ohne Maskerade, bereit ist, sich verletzlich zu zeigen. Jemanden in sein Leben einzuladen, der bereit ist, dich mit deinen Narben zu akzeptieren, ohne dich zu verurteilen. Oh man, während ich diese Zeilen tippe, kullern mir die Tränen über die Wangen. JA, ist wohl der Verarbeitungsprozess.

Verstehe mich nicht falsch liebe(r) LeserIn. Es ist nur, ich weiß, dass ich gut genug bin. Ja, ich bin hübsch, attraktiv, strahle eine hohe Anziehungskraft auf die Männerwelt aus, bin schlau und habe dies zu keinem Zeitpunkt ausgenutzt und darauf bin ich stolz. Ich bin autark und habe mein Leben im Griff. Aber warum ziehe ich immer noch die falschen Männer an?

Ich bin weder materialistisch noch fokussiert auf das Bankkonto des Mannes. Ganz im Gegenteil, ich bin stolz auf alles, was ich alleine erreicht habe. Gott ist mein Zeuge, all die dunklen Nächte, Herausforderungen habe ich immer und ohne Ausnahme alleine gemeistert. Schweiß, Tränen, lange schlaflose Nächte, Bedürfnisse unterdrückt und wie eine Löwin gekämpft. Der Grund für meinen Kampfgeist wird immer mein Seelenstern, mein Kind, sein. Du hast es geschafft, dass ich zu einem besseren Menschen, einer besseren Frau und Mutter geworden bin. Ich liebe dich unendlich. Tage, an denen ich nicht mal wusste, wie ich mein Kind als Sozialarbeiterin ernähren soll, waren wohl meine Tiefpunkte. Mich hat das Dating in den letzten Jahren so verdammt traurig und müde gemacht.

Ich bin erschöpft, jedes Mal zu hoffen, okay, vielleicht ist es diesmal dieser eine Seelenmensch, der mich wirklich kennenlernen will und auf kurz oder lang hieß es wiedermal »Hey Tess, du bist eine tolle Frau usw., aber es liegt an mir als Mann und nicht an dir«. Ich bin regelrecht erschöpft von diesen sinnlosen Begründungen. Aber sich näherkommen, dafür warst du bereit?

Hier die Liste der Top 61 Gründe des Singledaseins, warum ich noch Single bin und es einfach zwischen mir und dem göttlichen Männlichen nicht klappen will. Möglicherweise findest du dich darin wieder. Dies ist natürlich auch geschlechtsbezogen.

**Scan Me**

KAPITEL 1

# Der Klassiker: Er ist Raucher

Als Nichtraucherin wünsche ich mir natürlich einen Partner, der ebenfalls nicht raucht. Allerdings mache ich hier auch mal Ausnahmen. Wenn ER, der potenzielle Mister Right, raucht, aber ansonsten alles mitbringt, was mein Herz begehrt, dann kann ich darüber hinwegsehen. Aber vergilbte Zähne, die mit unserem Sternensystem und den Galaxien um die Wette strahlen – Nein danke. Das geht einfach nicht. Alles riecht nach Zigaretten. Die Kleidung, die Hände, vergilbte Fingernägel – und beim Küssen fühlt es sich an, als würde man den Aschenbecher ablecken. Igittigitt. Ich liebe das Küssen und es verrät mir, ob da eine besondere Anziehungskraft besteht. Aber mit starkem Zigarettenkonsum ist das nicht vereinbar. Es tut mir leid.

# KAPITEL 2

# Er will heiraten, aber keine Kinder zeugen

Wer mich kennt, weiß, dass ich bereits einmal verheiratet war. Steht auch am Anfang des Buches. Ja, heiraten ist romantisch und traditionell, aber man sollte es sich gut überlegen, mit wem man ein karmisches Band fürs Leben eingehen möchte. Mein ehelicher Vertrag, mein Bund der Liebe, hielt 19 Jahre, davon war ich 11 Jahre verheiratet. Also muss ich nicht noch einmal heiraten, um der Welt zu zeigen, dass dieser großartige Typ mir gehört. Ein Team sein in guten und schlechten Zeiten, das können wir auch ohne Trauschein. Aber gut, wenn alles passt und er keine Kinder plant, dann könnte ich vielleicht doch noch einmal in Erwägung ziehen, meinen Seelenmenschen zu heiraten. Ich habe bereits ein wundervolles Kind und bin nun in den Wechseljahren. Ein weiteres Kind ist nicht geplant und biologisch auch nicht mehr so einfach umsetzbar.

# KAPITEL 3

# Er will heiraten und Kinder zeugen

Die Idee, dass ER, mein potenzieller Partner, nicht nur heiraten, sondern auch Kinder zeugen möchte, ist mir ein Rätsel. Männer, ihr wisst nicht, was es bedeutet, ein Kind zur Welt zu bringen und aufzuziehen, in der Hoffnung, dass der Partner der Richtige ist. Selbst wenn das Kind gesund geboren wird, gerät die Ehe in den ersten Lebensjahren des Kindes oft ins Wanken – akuter Schlafmangel sei Dank. Ihr seid nicht ihr selbst, wenn ihr übermüdet seid. In solchen Momenten taucht eine andere Seite von euch auf, die ihr nie für möglich gehalten hättet. Ich meine, wer Eltern ist, weiß, dass Schlafentzug in Kriegszeiten als Foltermethode verwendet wurde, um Geständnisse zu erzwingen. Unter extremem Schlafmangel würde wohl jeder alles gestehen. Lange Rede, kurzer Sinn: Nein, kein weiteres Kind. Dies ist auch aufgrund der Erkrankung meines Kindes bereits herausfordernd genug. Da ich mich alleine um die nächtliche Grundversorgung der Gesundheit kümmere. An guten Nächten stehe ich zweimal auf. An schlechten Nächten bis zu sechsmal und der Alarm zeigt nach ein paar Stunden endlich gute Werte an und das Piepen hat ein Ende. Jedenfalls für diese Nacht, damit ich noch zwei Stunden schlafen kann. Ich weiß nie, wie die kommende Nacht sein wird.

KAPITEL 4

# Mangelnde Körperpflege

Mangelnde Körperpflege ist ein absolutes »No go«. Ich erwarte kein Sixpack, aber eine Dusche vor dem Date sollte schon drin sein, oder? Wir leben nicht im Mittelalter oder in der Barockzeit, wo Körperpflege verpönt oder unerschwinglich war. Du hast mit mir über Kamera telefoniert. Wir haben ausführlich über Körpergefühl und Körperpflege gesprochen. Warum kommst du dann zum Date, als wärst du obdachlos? Ja, ich arbeite als Sozialarbeiterin, aber mein potenzieller Partner sollte nicht aussehen wie einer meiner betreuten Obdachlosen. In seinem Profil waren nur Schwarz-Weiß-Fotos ersichtlich. Das sollte dich stutzig machen. Wir gingen in ein Café. Er war sehr wortkarg und wir hatten uns versprochen gehabt, dass wir bereits zu Beginn uns sagen würden, wenn wir uns gefallen. Nun, was soll ich sagen – Tess war sehr ehrlich und direkt. Ich fragte ihn, ob er nochmal zurückgehen kann und in Schwarz-Weiß wieder kommt? Er schaute mich sehr überrascht an und fragte, wie ich das meinen würde?

Ein Mann der Bart trägt, finde ich sehr attraktiv und dass er raucht wusste ich auch, aber mein lieber Mann – vergilbte Zähne, Barthaare, die wie ein Vogelnest aussehen und vergilbte Fingernägel gehen gar nicht. Da brauchen wir gar nicht darüber zu diskutieren. Da er aus Aachen kam, habe ich die Rechnung übernommen und bin gegangen. Ich wünsche mir einen Partner, bitte!

# KAPITEL 5

# Mister besitzt weder Auto noch Führerschein

Vielleicht erinnert sich der ein oder andere an die Werbung aus den 90ern, in der der Italiener sagte: »Ich habe gar kein Auto.« Ja, nun steht mal wieder so ein göttlicher Mann vor mir. Das Gespräch verläuft gut über Facetime und dann kommt das große Aber: Er hat kein Auto. Okay, was machen wir jetzt? Seine Antwort: »Was machen wir jetzt?« Wir machen nichts. Wenn überhaupt, sollte die Frage lauten: Was machst du ohne Auto? Dann wurde gefragt: »Könntest du mich abholen?« Die alte Tess, in ihren Bedürftigkeitsabgründen, wäre sofort losgedüst. Die jetzige Tess hingegen zieht die Augenbrauen hoch. Wie ist die Infrastruktur vor Ort? Bus? Bahn? S-Bahn? Hubschrauber? Flugzeug? Taxi? Pferde mit oder ohne Kutsche? Wenn ja, ist meine Antwort: NEIN!

KAPITEL 6

# Mister besitzt einen Führerschein, aber kein Auto

In diesem Kapitel erzähle ich von Dates, bei denen der Mann mir erst spät mitteilte, dass sein Führerschein entzogen wurde und sein Auto pausiert. Anfangs dachte ich, okay, kein Problem. Ich habe ihn zu Verabredungen abgeholt. Aber ich habe gemerkt, dass mich seine Unselbstständigkeit genervt hat. Du fährst doch auch mit öffentlichen Verkehrsmitteln zur Arbeit oder zum Fitnessstudio. Warum willst du bei mir keine Mühe investieren? Als ich hier eine Grenze zog und meine Hilfsbereitschaft nicht mehr zur Verfügung stand, war auch sein Interesse an meiner Person schnell vorbei. Nun, welches Übel ist das kleinere? Soll ich dich überall hinbringen und abholen, damit die Kennenlernphase weiter Bestand hat? Beides ist nicht ideal. Also habe ich in Kauf genommen, dass die Kennenlernphase endete.

KAPITEL 7

# Mister besitzt ein Auto, aber der Lappen ist weg

Oh, Tess, dein Timing ist perfekt, dachte ich mir. Egal wie, es gibt immer ein Problem. Nichts kann einfach normal laufen, ohne Hindernisse. Was ist überhaupt normal? Aber in der heutigen Zeit haben viele doch ein Auto, oder? Es muss ja kein Luxusauto sein, aber einfach ein Fahrzeug mit Rädern, Lenkrad, Bremse und Kupplung, das dich von A nach B bringt. Ist das zu viel verlangt? Ich denke nicht. Kein Problem, die Suche nach Mister Right geht weiter. Geduld, Tess, das Universum arbeitet im Hintergrund intensiv an deiner Version von Mr. Right, deinem Seelenpartner 2.0. Es müssen noch ein paar Zutaten verfeinert und korrigiert werden. Ich vertraue auf das göttliche Timing. Es weiß, was es tut. Die da oben, die am Werkeln sind, kennen keine Zeit. Zeit ist menschengemacht. Egal wie, ich bin weder deine Mutter, noch dein Chauffeur oder Taxifahrer, um dich herumzufahren. Sei eigenständig genug, um zu deinem Date zu kommen. Schaffst du das? Großartig. Wenn nicht, dann eben nicht. Nächster bitte!

Scan Me

# KAPITEL 8

# Er ist arbeitssuchend

In der Umgangssprache nenne ich es »er ist arbeitslos«, weil er sich gegenwärtig in einem Selbstfindungsprozess befindet. Das bedeutet, er versucht herauszufinden, was er wirklich vom Leben will, ob er glücklich ist und was er beruflich machen möchte. Und hier stoßen wir auf den Knackpunkt. Wenn es zu einem Date kommt, rechne bitte nicht damit, dass er dich einlädt – womit auch, wenn er arbeitslos ist? Es gab sogar einen Fall, in dem ich ihn eingeladen habe. Spätestens an diesem Punkt solltest du merken, dass es nichts zwischen euch wird. Warum trifft sich ein Mann mit einer Frau, wenn nicht einmal ein Glas Wasser als Einladung drin ist? Erde an Mann, warum tust du das? Ich habe bis heute keine Antwort darauf erhalten. Das bedeutet nicht, dass ich materialistisch bin oder den Fokus auf sein Bankkonto lege, aber als Mann solltest du doch etwas Stolz besitzen und dich nicht von einer Frau beim ersten Date einladen lassen. Genauso unsexy wie der Mann, der auf den Boden gespuckt hat. Dazu mehr im Kapitel 35.

# KAPITEL 9

# Nicht kusskompatibel

Nun hat Tess einige Grundlagen abgeklärt, wie z.B. er hat einen Job, ein Auto und eine eigene Wohnung. Also alles check. Nun trefft ihr euch zum Date. Egal ob es das erste oder vierte Date ist, wenn ihr euch sympathisch findet und er auch süß ist, denkst du darüber nach, wie sich seine Lippen anfühlen und schmecken könnten. In diesem Moment geht es um das potenzielle Gefühl, das beim Küssen ausgelöst werden könnte – eine chemische Reaktion, die sagt: »Ja, ich will dich schmecken. Komm schon, fahr in Richtung meines Mundes.« Und dann passiert es: Der Moment, in dem du denkst »Küss mich endlich«. Die Lippen berühren sich sanft, und dann wischt er mit seiner Zunge dein Gesicht ab. Ein bisschen wie ein Hundenapf.

Moment mal, das war nicht so geplant. In meiner Vorstellung war der Kuss von Sanftheit und Zärtlichkeit geprägt, sich von Gang 1 bis 6 hochschaukelnd, wie Autofahren, langsam beschleunigen. Aber jetzt ist alles im Eimer. Wie kann ein so kluger, attraktiver Mann so schrecklich küssen? Da sträuben sich die Nackenhaare, wenn ich welche hätte.

Ich war enttäuscht und traurig. Ich hatte mir den Kuss magisch vorgestellt und nun das. Es fühlte sich wie eine Katastrophe an. Leider musste ich ihm sagen, dass das zwischen uns nichts wird. Er war sehr traurig darüber, aber wenn es kusstechnisch nicht klappt, dann erregt mich nichts Weiteres am Mann.

KAPITEL 10

# Penisfunktion (Schlüssel-Schloss-Prinzip)

Also, nun hatte ich einen anderen Mann kennengelernt. Bisher lief alles reibungslos. Ich habe tatsächlich ein paar Dates mit demselben Mann gehabt – das hatte bei mir Seltenheitswert, meistens war die Kennenlernphase nach dem ersten oder zweiten Date vorbei. Bisher verlief alles glatt: Job, Wohnung, Nichtraucher, Auto, Führerschein – alles passte. Sogar das Küssen war großartig. Gespräche, Spiritualität, Glauben und der Humor stimmten überein. Nun wollten wir den nächsten Schritt gehen. Ich erwartete ein Feuerwerk, aber wo blieb es? Ok, entspann dich, es wird gleich kommen, sicher. Doch nach über 45 Minuten passierte nicht viel. Es wurde klar wie Kloßbrühe: Ein Feuerwerk würde ich hier nicht erleben. Was war das bitte? So eine abgespeckte sexuelle Erfahrung machte mich traurig. Dieses Gefühl der vollständigen Verschmelzung, der Seelenberührung – ach was, der Seelenveredlung wie mit meinem Dualseelenpartner – werde ich so nicht wieder erleben. Das Schlüssel-Schloss-Prinzip aus der Biologie gilt auch hier. Wenn es nicht passt, dann passt es einfach nicht. Wir sind nicht beim Handwerk, nach dem Motto: Was nicht passt, wird passend gemacht.

An diesem Tag wurde mir klar, dass ich das Gefühl der Verschmelzung auf Körper-, Geist- und Seelenebene wie mit meinem Dualseelenpartner nicht wiederfinden werde. Das war auch dem geschuldet, dass ich extrem in der Erwartungshaltung war. Lass dir eins sagen, wenn du eine Erwartungshaltung hast und da steckt das Wörtchen »Warten« drin, dann kannst du lange warten, als ob du im Wartezimmer einer Praxis sitzt bis du aufgerufen wirst. Bleibe erwartungsfrei, denn so kannst du auch nicht enttäuscht werden.

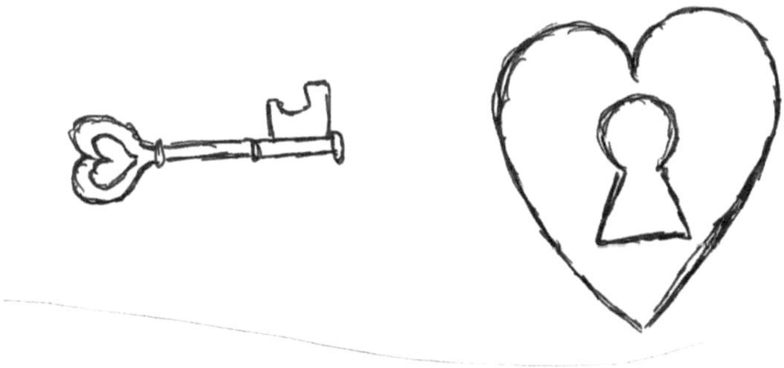

# KAPITEL 11

# Spezielle Penisgröße der göttlich Männlichen

Es gibt verschiedene Penisgrößen. Auch hier muss die Größe stimmen. Vom Mikropenis bis zur Hilti-Version gibt es verschiedene Penisformen, mit und ohne Zipfelmütze. Wusstest du das? Ich auch nicht, bis ich zu recherchieren begann. Zipfelmütze steht für den unbeschnittenen Penis, ohne Mütze für den Beschnittenen. Mein Favorit ist der beschnittene Penis – sowohl optisch als auch funktional angenehmer und vor allem hygienischer. Denkst du auch, an das, was ich denke? Wenn nicht, ist das auch okay. Die Fantasie des Menschen kennt keine Grenzen. Eine Steigerung ist der sogenannte »Blanco« – und liebe Frauen, ich meine nicht den Kontostand...lach. Daher liebe Männer, weg mit dem Dschungel da unten. Wir Frauen möchten uns nicht erst durch ein Maisfeld kämpfen und dann zur Zahnseide greifen müssen, statt dein bestes Stück zu genießen. Meine Dates berichteten, dass sie oft Schwierigkeiten mit Verhütung haben, da sie die Yoni der Frau nicht spüren. Das Eindringen und die schnellen Bewegungen während des Liebesakts sind nicht intensiv genug, und ihr bestes Stück wird schlaff. Verständlich, oder? Diese Männer berichteten mir, dass Frauen leider oftmals nicht taktvoll und einfühlsam reagiert haben. Daher meine Lieben, stellt die

Standhaftigkeit der Männer nicht infrage, denn das ist verletzend und unmenschlich. Hier einmal die verschiedenen Penisgrößen der göttlich Männlichen. Du kannst es dir auch gerne visuell vorstellen:

- Der beschnittene Penis ohne Vorhaut
- Der unbeschnittene Penis mit Vorhaut
- Der Stift, lang und dünn
- Der Pisa-Penis, etwas schief
- Die Banane, auch Hilti Penis genannt, lang und breit/dick
- Der Pilzkopf Penis, beginnt schmal und an der Eichel endet er wie ein Pilzkopf
- Der Mikropenis, unfassbar winzig, auch stimuliert bleibt er sehr klein
- Der gekrümmte Penis, seine Ausrichtung ist deutlich krumm

# KAPITEL 12

# Er kaut an seinen Fingernägeln

Mister Right raucht nicht, kann finanzielle und materielle Stabilität vorweisen, besitzt ein Auto, einen Führerschein und ist Herr über sein Lenkrad. Er sieht gut aus, riecht gut, hat die perfekte Körpergröße und die Kommunikation fließt. Aber du kannst dir schon denken, dass auch bei diesem Date etwas nicht gestimmt hat. Was sah ich plötzlich, als meine Blicke nach unten abschweiften? Herrje, er kaut an seinen Fingernägeln. Warum tust du das? Was kompensierst du auf diese Art und Weise? Ach Mädels, was soll ich sagen? Meine perfekte Vorstellung von diesem Mann platzte wie eine Seifenblase und das von jetzt auf gleich. Ich war so unglaublich traurig und enttäuscht, denn er entsprach quasi dem Ideal von einem Mann, außer in Bezug auf seine Fingernägel. Solche Hände und Fingernägel möchte ich nicht an meinem göttlich weiblichen Körper spüren. Somit gab es keine weitere Fortsetzung mit ihm. Vielleicht wärst du an meiner Stelle nicht so streng gewesen und hättest es toleriert – und das ist auch in Ordnung, jeder wie er will. Aber ich konnte es mir mit ihm nicht vorstellen. Ebenso konnte ich mir nicht vorstellen, Männer mit so kräftigen Nagelbetten zu daten. Bitte nimm es nicht persönlich, lieber Leser. Es ist halt mein Empfinden und jeder von uns legt seine Vorlieben, Abneigungen und Prioritäten anders fest.

KAPITEL 13

# Er wohnt noch oder wieder im Hotel Mama

Warum ziehst du dorthin zurück, wo du gerade erst ausgezogen bist? Ok, du hast dich von deiner Exfrau oder Exfreundin getrennt. Und ja, der Wohnungsmarkt in Köln und Umgebung ist sehr begrenzt. Aber dann zieh doch wenigstens vorübergehend in eine möblierte Wohnung, bis du eine neue Bleibe gefunden hast, die du nach deinen Bedürfnissen einrichten kannst. Solche Wohnverhältnisse sind abtörnend für Frauen – zumindest für mich. Ich meine, ich habe ein Kind, und es versteht sich von selbst, dass ich mein Date in den ersten Wochen oder sogar Monaten nicht nach Hause bringen kann, wenn mein Kind da ist. Aber du ziehst wieder zurück, weil kein Freund dir eine Bleibe anbieten kann? Oder weil du Geld sparen möchtest? Wenn du jetzt schon am Sparen bist, wie soll dann eine Partnerschaft mit dir aussehen? Das wirkt nicht gerade anziehend.

Dazu kommt, dass wir uns immer draußen treffen müssten. Das ist vielleicht je nach Jahreszeit in Ordnung, aber im Winter bei Eiseskälte im Auto sitzen? Nein, das möchte ich bei aller Liebe nicht. Und ständig ins Hotel zu gehen, ist ziemlich kostspielig. Mir ist aufgefallen, dass es meist türkische oder kurdische Männer sind, die wieder bei ihren Eltern einziehen. Hmmm, komisch, oder?

KAPITEL 14

# Sexualisiertes Verhalten, Sprache und Penisbilder 24/7

Wer mich kennt, weiß, dass ich in dieser Hinsicht sehr aufgeschlossen und offen bin. Bei mir gibt es keine Tabus – das bedeutet aber nicht, dass ich alles mitmache oder darauf stehe. Ich sage immer, alles kann, nichts muss. Aber wenn du als potenzieller Partner von der ersten bis zur letzten Sekunde trotz mehrfacher Bitten von meiner Seite nicht aufhörst, über unsere Vorlieben, Bedürfnisse und Fantasien zu sprechen, verliere ich irgendwann die Geduld. Es nervt und ich habe keine Lust mehr, auch nur ein Wort mit dir zu wechseln. Welchen Teil von »Nein« verstehst du als Mann nicht? »Nein« ist ein vollständiger Satz, der keiner weiteren Erklärung bedarf. Im Ernst, was bringt es, wenn wir über sämtliche Details von Sexstellungen, Körperflüssigkeiten und mehr sprechen und dann ist die Anziehungskraft nicht da, wenn wir uns treffen? Die Magie ist dahin. Es reizt mich überhaupt nicht. Solche virtuellen Gespräche haben höchstens 24 Stunden bei mir überlebt. Danach verliere ich definitiv das Interesse. Wenn ein Mann mehr über seinen Penis spricht und ständig Bilder davon schickt, zeigt das, dass er mit seinem Selbstwertgefühl auf Kriegsfuß steht.

KAPITEL 15

# Er will direkt Sex

Ich liebe Sex und mit dem richtigen Seelenmenschen erst recht gerne und oft. Mal ausgiebig, mal kurz – warum nicht? Aber das bedeutet nicht, dass ich direkt beim ersten Date Sex will, egal wie attraktiv der Mann ist. Da reagiere ich eher wie ein verschrecktes Bambi. Nein, ich will nicht. Die Reaktion der Männer ist in 95% der Fälle folgende: »Oh, dann bist du prüde und liegst wie ein Surfbrett im Bett, stimmt's?« Ähm, nein, und dennoch muss ich mich nicht beim ersten Date flachlegen lassen. Allein aufgrund meines Glaubens ist das nicht tolerierbar. Bitte respektiert das, liebe Männer. Außerdem, da ich meinen eigenen Wert kenne, habe ich es nicht nötig. Das zeigt auch, dass dein Gegenüber noch nicht bei 1000% Selbstliebe und Selbstwertgefühl angekommen ist. Sonst müsste er sich nicht sexuell beweisen müssen, um zu zeigen, dass ein weiteres Date mit ihm lohnenswert wäre. Jeder kann es so handhaben, wie er oder sie möchte, aber das ist nicht meine Einstellung. Liebe Göttinnen, lasst euch zu nichts überreden oder manipulieren. Ein guter Mann, der deinen Wert kennt, wird Geduld haben, bis du wirklich bereit bist, den nächsten Schritt zu gehen. Dein Nein nach außen ist ein klares Ja zu dir selbst. Wenn das nicht respektiert wird, ist diese Person nicht die Richtige für dich. Außerdem aktivierst du sein Jagdinstinkt, wenn er sich in Geduld üben muss und um dich kämpft.

KAPITEL 16

# Er »Dom« sucht eine »Sub«

Die Abkürzungen »Dom« und »Sub« beziehen sich nicht auf den Kölner Dom oder als Abkürzung für Subway Restaurant, sondern auf »Dominanz« und »submissive Person«. Hierbei handelt es sich um sexuelle Rollen, bei denen die eine Person dominierend ist und die andere sich unterwirft. Oft sind es Frauen, die sich dem Mann unterordnen und gehorchen. Dieses Spiel dreht sich um sexuelle Machtverhältnisse, oft mit Elementen von Schmerzempfindung. Die Fantasie kennt hier keine Grenzen.

Wer den Film »Fifty Shades of Grey« kennt, wird wissen, wovon ich spreche. Jeder von uns hat seine eigenen Vorstellungen von Sex und Liebe. Ich sage immer, alles kann, nichts muss, solange beide einverstanden sind. Persönlich finde ich eine gleichberechtigte Sexualität und Intimität viel anziehender und spannender. Jeder, wie er/sie es möchte.

Daher sei achtsam und finde heraus, wie du am liebsten berührt und geliebt werden möchtest – mit oder ohne Sexspielzeug, Peitschen, Handschellen, Bondage, Augenbinde und dergleichen. Unsere ersten sexuellen Erfahrungen prägen unsere zukünftigen sexuellen Praktiken. Deshalb ist es so wichtig, dass du nichts mitmachst, womit du dich nicht wohl fühlst.

**Scan Me**

KAPITEL 17

# Er war ein Projektor-Mensch, liebevoll auch Eichhörnchen genannt

Ich hatte einmal drei Dates mit einem Mann. Damals war er 31 Jahre alt, also 10 Jahre jünger als ich. Er war gutaussehend, aber leider zu sehr ein Verstandsmensch. Seine Denkweise war zu rational und verkopft für mich. Beim ersten Date haben wir gepicknickt. Es war sehr schön und fühlte sich perfekt an. Ich hatte Snacks eingepackt und eine Picknickdecke mitgenommen. Hinter meinem Haus befand sich ein kleiner Park, der uns zum Picknicken einlud. Gesagt, getan. Beide Male haben wir ein Eichhörnchen-Paar beobachtet, was zu unserem ersten sinnlichen Kuss führte. Die Anziehungskraft war stark, und wir haben uns beide bemüht, nicht weiterzugehen. Leider empfand er meine Nachfragen nach unserem zweiten Date als Druck und der Kontakt brach ab – das war mir zu kindisch. Ich bin eine alleinerziehende Mutter und muss planen können. Das erste Date war im September 2021.

Irgendwie begannen wir wieder zu schreiben. Ende September 2021 folgte das zweite Date, ein langer Spaziergang, bei dem uns erneut Eichhörnchen begleiteten. Danach gingen wir zu mir nach Hause. Auch hier kamen wir uns näher, bevor der Kontakt wieder abbrach. An diesem Abend haben wir Karten der Seelenpartnerschaft befragt, wie es mit uns weitergeht. Danach zog er sich erneut zurück. Er behauptete, dass ich zu viel Licht und Liebe für ihn sei und ihm Druck mache. Was für ein Unsinn, dachte ich. Wie kann jemand zu viel Licht und Liebe für jemanden sein? Diese Meinung habe ich bis heute nicht geändert. Ich habe mir meinen Teil dabei gedacht. Im November 2021 habe ich ihm zum Geburtstag gratuliert. Da ich seine Nummer noch hatte, ging ich die SMS-Nachrichten durch und fand eine von ihm. Warum ich das gemacht habe, weiß ich nicht. Es hat jedoch Eindruck hinterlassen und er bedankte sich bei mir. Dann kurz vor Ostern 2022 meldete er sich bei mir. Aber nicht per SMS/WhatsApp. An einem Sonntagnachmittag fand ich einen Zettel an meiner Windschutzscheibe. Er hatte meine Nummer gelöscht gehabt, wusste aber noch, wo ich wohne. Auf dem Zettel stand »Melde dich du Eichhörnchen« und seine Nummer. So eine Anstrengung hatte bisher kein Mann unternommen. Süß und goldig. Ich schrieb ihm mit einem Eichhörnchen-Emoji und es fühlte sich an, als wäre der Kontakt nie abgebrochen. Mein Herz hüpfte vor Freude. Es fühlte sich an, als wäre nie eine Trennung gewesen. Obwohl wir nie offiziell ein Paar waren. Diese erneute Kontaktaufnahme sollte mich mehr über das Konzept des Human Designs lehren. Es gibt fünf Menschentypen (Generator, Manifestor, manifestierender Generator, Reflektor und Projektor). Ich bin ein Generator mit kontinuierlicher Energie. Ein Projektor-Mensch hat von Natur aus keine Energie und zapft quasi Energie von einem Generator ab. Übrigens haben manifestierende Generatoren auch kontinuierliche Energie. Dieses Konzept erklärt, warum Menschen so sind, wie sie sind, ihre Schatten und lichtvollen Anteile. Es ist komplex, aber lohnenswert. Es kombiniert Elemente der Kabbala, Astrologie, Genetik, chinesischer Lehren und Buddhismus. Der Buddhismus beschäftigt sich mit den sieben Chakren. Ich wendete dieses Konzept bei neuen Männern an, um anhand von Geburtsdaten, Uhrzeit und Ort zu berechnen, warum der Mensch so ist, wie er ist und welcher Energietyp er ist. G, MG und die anderen drei Menschentypen passen nicht so gut zusammen, da die anderen Typen dauerhaft Energie von uns ziehen. Jetzt fragt ihr euch sicher, ob es außerhalb dieses Konzepts zu weiteren Entwicklungen kam. Ja, das geschah und die Anziehung war stark. Beim Beischlaf jedoch kam es nicht zum gewünschten Ergebnis, da es sich für mich nicht angenehm anfühlte. Es tat weh. Bitte versteht mich richtig, es lag nicht an ihm. Durch meine Aufregung und sein Wissen, dass er bestimmte Verhütungsmittel ablehnte, und letztendlich mit Verhütung zum Höhepunkt gekommen ist, setzte er sich selbst unter Druck. Ich sagte mehrmals, es sei nicht schlimm, aber das männliche Ego war wohl stärker. Er hatte seinen Erfolg und ich freute mich für ihn. Trotzdem konnte er sein Herz nicht öffnen und die Angst siegte wieder. Dennoch, danke Eichhörnchen.

Scan Me

KAPITEL 18

# Vermeidung von Küssen und Kuscheln

Einige Männer haben weder das Bedürfnis nach Küssen noch nach Kuscheln gezeigt, wodurch es erst gar nicht zu einem Treffen kam. Wie soll man in Stimmung kommen, wenn der Mann das Küssen nicht mag? Und selbst wenn es zu sexuellen Aktivitäten kommt, will er danach nicht kuscheln. Das ist wirklich eine Katastrophe. Was mag in seiner Kindheit passiert sein, dass er diese Form der Intimität nicht zulassen kann? Diese Männer hatten mein Mitgefühl gehabt. Dennoch kann ich mich nicht auf jemanden einlassen, der das Küssen und Kuschen ablehnt. Ich habe jedem von ihnen alles Gute auf ihrem Heilungsweg gewünscht.

# KAPITEL 19

# Sex ja, aber ohne Kondom

Ja, du hast es richtig gelesen. Sex ist wundervoll, sinnlich und intim. Dennoch sollte jeder von uns sein Leben und seinen Körper respektieren und sich nicht von der Lust treiben lassen, sondern sicherstellen, dass Verhütung vorhanden ist – Saftey First. Wir haben nur ein Leben und es wird keine Wiederauferstehung wie bei Jesus Christus geben. In Zeiten von Geschlechtskrankheiten und Corona gibt es auch das Risiko einer Schwangerschaft und sogar von AIDS. Egal wie attraktiv der Mann oder die Frau ist, bitte verhütet. Es erlaubt dir, den Sex zu genießen und danach nicht von Ängsten geplagt zu werden. Lasst euch nicht zu ungeschütztem Sex überreden.

KAPITEL 20

# Optisch mega maskulin, doch was ist mit der Stimmfarbe los?

Mädels, kennt ihr das? Ihr habt ein Match mit einem optisch attraktiven Mann auf einer Dating-App. Ihr schreibt ein paar Tage, er ruft an und dann verwandelt sich Mister Maskulin plötzlich in Chelsey, die jüngere Schwester von Barbie. So eine Pieps Stimme! Warum, Universum, schickst du mir einen Mann mit so einer Stimme? Die Stimmfarbe eines potenziellen Partners ist genauso wichtig wie sein Charakter. Ich möchte eine beruhigende, aufheiternde Stimme hören, keine, die mich in den Wahnsinn treibt. Tag für Tag so eine Stimme zu hören, würde mich fertig machen. Ich weiß, man kann für bestimmte Merkmale nichts, sei es die Körpergröße oder Narben. Die Stimmfarbe gehört auch dazu. Dennoch hat mich das abgeschreckt. Es gab Männer, bei denen ich mich allein aufgrund der Stimme hätte verlieben können. Damals waren es mein Dualseelenpartner, Eichhörnchen und Mister Latino (Kapitel 48).

# KAPITEL 21

# Seine Figur

Kommen wir zu einem Kapitel, das sich an alle Damen richtet, die beim Dating schnell festgestellt haben, dass die Proportionen eines scheinbar »heißen« Mannes nicht passen. Ich meine, ich habe auch meine Problemzonen wie viele Frauen da draußen. Bauch, Beine, Po – das sind Standardzonen. Die Schwangerschaft hat auch Spuren an meinem Körper hinterlassen. Aber wenn dein Date Fotos schickt oder in seinem Profil zeigt, die bei einem echten Treffen in eine völlig andere Richtung abdriften, dann bin ich echt sprachlos. Warum machen Männer das? Beim Treffen kommt die Wahrheit sowieso heraus. Manche Männer denken, dass Frauen dasselbe mit Filtern machen. Ja, das stimmt und auch das ist nicht klug. Steht zu eurem Aussehen. Beide Geschlechter können an ihrem Selbstwertgefühl arbeiten und es stärken. Nur, wenn du dich selbst akzeptierst, mit all deinen Schatten- und Lichtseiten, wirst du frei und glücklich sein. Und dein Gegenüber wird dich so akzeptieren, wie du bist. Das gilt für beide. Auch Männer haben Unsicherheiten, unabhängig davon, wie oft sie ins Fitnessstudio gehen oder zum Barbier. Niemand von uns ist perfekt – unperfekt ist das neue Perfekt.

# KAPITEL 22

# Die guten alten Finanzen und materielle Sicherheiten

Jeder Mensch, der etwas auf sich hält, möchte nicht finanziell oder materiell von jemand anderem abhängig sein. Wir alle wissen, dass es in unserem Leben Phasen gibt, in denen es finanziell eng wird. Besonders seit Corona im Jahr 2020 haben viele Menschen Arbeitsplatzunsicherheit erlebt.

Ich erwarte nicht, dass ein potenzieller Partner Millionär ist, aber Schulden in fünfstelliger Höhe müssen echt nicht sein. Ich wünsche mir einfach einen Partner, der arbeitet, Geld verdient und mit dem ich schöne Dinge erleben und aufbauen kann. Es muss nicht teuer sein, aber es soll normal sein, Zeit miteinander zu verbringen. Was »normal« ist, mag schwer zu sagen sein, aber zumindest schuldenfrei wäre schön.

Ich suche keinen Millionär, aber auch keinen Bettler.

# KAPITEL 23

# Er ist nicht Herr der deutschen Sprache

Dieses Kapitel dreht sich um die Sprachbarriere zwischen mir und einem Mann. Schon vorher begegnet man auf Dating-Plattformen Männern, die frisch nach Deutschland gekommen sind, um ein besseres Leben zu finden. »Ich seit 2 Jahre Deutschland«. »Du mir helfen besser Deutsch lernen«. Solche Aussagen sind von Männern aus verschiedenen Kulturen wie Afrika, Arabien, Kurdistan und der Türkei recht verbreitet, wie ich bisher erlebt habe. Die Sprache ist ein Kommunikationsmittel und wenn die Verständigung nicht funktioniert, wird es kompliziert. Oder Männer, die Google-Übersetzer verwenden, um sich halbwegs zu verständigen. Als Sozialarbeiterin habe ich Verständnis, aber auf so einer Basis kann ich keine Beziehung aufbauen. Mein Ex-Mann ist Deutscher, blond mit grünen Augen und dennoch haben wir Jahrzehnte lang aneinander vorbeigeredet. Wie soll es dann mit jemandem funktionieren, der die deutsche Sprache nicht beherrscht?

# KAPITEL 24

# Er, der Shisha Bar Besitzer: Hells Angel vs. mich als Engel

Ein Büchlein über Geschichten aus dem wahren Leben wäre unvollständig, gäbe es nicht unter all den verschlafenen Dates einen Möchtegern-Hells Angel. Dieser Kontakt dauerte gerade mal unglaubliche 10 Minuten. Es begann mit einem virtuellen Match, gefolgt von kurzem Schreiben und dem lang ersehnten Facetime-Telefonat. Die Schreibweise war wirklich angenehm und ich war gespannt auf seine Stimmfarbe und wie er über die Kamera wirken würde. Doch Mädels, Kerle, er war zu jung – 29 Jahre alt. Seine Stimmfarbe war tief, maskulin und mega. Er besaß einige Shisha Bars und inszenierte sich als eine Art Hells Angel, aber für mich wirkte er eher wie die Harz IV-Version davon. Es klappte mal wieder nicht. Bei so vielen anderen klappt es. Warum nicht bei mir? Viele Frauen haben gutaussehende Männer an ihrer Seite. Warum nicht ich?

Ob er wirklich ein Hells Angel war, konnte ich nicht sicher sagen, aber ein Shisha Bar Besitzer in Köln zu sein, deutete auf keinen diskreten oder sauberen Lebensstil hin. Oft hat das mit Geldwäsche zu tun und ich wollte keine hausgemachten Probleme in mein Leben ziehen. Ich ließ ihn mit einem guten Gefühl weiterziehen.

# KAPITEL 25

# Sein Kleidungsstil

Wer mich aus meinem privaten Umfeld kennt, weiß, dass ich nicht auf irgendwelche Labels Wert lege. Ja, ich habe Markenklamotten, aber nicht ausschließlich. Das sagt nichts über den Charakter eines Menschen aus. Daher ist es mir auch nicht wichtig, ob der göttlich Männliche in No-Name Kleidung zum Date kommt. Was aber gar nicht geht, sind kaputte Klamotten oder ein Kleidungsstil aus den 80er- und 90er-Jahren. Der Mann in diesem Kapitel war 34 Jahre alt und hatte ein hübsches Gesicht. Ich war irgendwie overdressed, während er definitiv im Bettlerstil unterwegs war. Ich nehme jeden bedingungslos an, daher habe ich nach zwei Dates die Wahrheit gesagt: Behalte deinen Kleidungsstil und bleib so, wie du bist, aber das ist nicht mein Stil. Kaputte, verwaschene Lumpen passen nicht zu mir. Ein weiteres kurzes Intermezzo. Beim ersten Date möchte man positiv erscheinen und einen sympathischen Eindruck hinterlassen, nicht bedürftig wirken.

KAPITEL 26

# Er ist ein alleinerziehender Vater

In diesem Kapitel möchte ich euch meine Dates mit alleinerziehenden Vätern vorstellen. Diese Variante mag zwar eher selten sein, aber sie existiert. Zwei alleinerziehende Elternteile treffen sich auf einer Dating App. Das macht das Kennenlernen schwieriger, egal ob seine Kinder jünger oder älter als mein Kind sind. Wir haben ein paar Tage lang miteinander geschrieben und telefoniert, aber am Ende kam nie ein Treffen zustande. Ich brachte Geduld auf, da wir im selben Boot zu sitzen schienen, aber ich merkte mit der Zeit, dass ich immer diejenige war, die versuchte, mich seinem Kalender anzupassen. Diese alleinerziehenden Väter hatten Unterstützung, die ich nie hatte, um Dates wahrzunehmen. Ich verstehe, dass Kinder Priorität haben, aber ich habe auch ein Kind, und irgendwann sah ich nicht mehr ein, jedes Mal nachzugeben. Es geht um Geben und Nehmen, nicht um Geben und Gehen. Also habe ich auch diese Nummern gelöscht – Next, bitte, ganz einfach.

# KAPITEL 27

# Er sieht seine Seelensterne (Kinder) alle zwei Wochen

Dieses Kapitel handelt von potenziellen Dates, die beinahe stattgefunden hätten. Doch leider hatte ich Pech mit den Männern. Jedes Mal, wenn wir uns treffen wollten, hatte er seine Kinder am Wochenende bei sich. Ich hatte vorgeschlagen, uns sonntags zu treffen, wenn er die Kinder bei der Kindesmutter abgibt, aber er war zu kaputt dafür. Aber ich frage mich: Wenn es sonst nicht anders möglich ist und er angeblich eine Frau kennenlernen möchte, warum kann er sich nicht etwas anstrengen? Ich habe ein Kind mit Diabetes, ich bin ständig müde und erschöpft, dennoch würde ich mich um den Mann bemühen. Ich arbeite fast Vollzeit, schlafe nachts kaum. Leider war er auch nicht bereit, sich unter der Woche für eine Stunde zu treffen, um uns überhaupt einmal gesehen zu haben. Facetime funktionierte auch nicht, weil er es nicht mochte. Wir haben einige Tage miteinander telefoniert und geschrieben, aber das war es dann auch. Ein Treffen hat nie stattgefunden.

# KAPITEL 28

# Mister Vogel: Ausdauernd, aber warum?

Diesen Mann möchte ich als Mister Vogel bezeichnen – ausdauernd, aber nicht im sexuellen Sinne. Vielmehr meine ich damit, dass er sich beim Kennenlernen viel Zeit gelassen hat. Er war im Geiste eher ruhig. Er wohnte etwa 8 Kilometer entfernt, hatte einen Führerschein und ein Auto. Ihr habt richtig gehört – er gefiel mir von Anfang an. Er suchte etwas Festes, war Nichtraucher, arbeitete als KFZ-Mechatroniker in Vollzeit, attraktiv, eigenständig, ein toller Küsser und übte eine starke Anziehungskraft auf mich aus. Nun fragt ihr euch wahrscheinlich, wo der Haken war. Tatsächlich gab es zwei Haken. Zum einen lebte er mit 39 Jahren aus privaten Gründen wieder bei seiner Mutter und war angeblich auf Wohnungssuche, was in Köln und den meisten Großstädten nicht einfach ist. Es dauerte fünf Dates, bis wir uns das erste Mal bei mir zuhause trafen und uns auf dem Balkon küssten. Es knisterte, aber es gab keinen »Feuerwerk gib ihn«-Effekt. Es fühlte sich eher so an, als wäre ich endlich angekommen. Danach trafen wir uns noch drei weitere Male. Beim achten Date, dem Letzten Treffen, hatten wir intimen Kontakt. Es war schön und von beiden Seiten gewollt. Nachdem wir aus dem Schlafzimmer kamen und noch auf der Couch kuschelten, stellte ich die Frage: »Und wie geht es jetzt weiter? Ich fahre morgen in den Urlaub und du fliegst zwei Tage später in die Türkei.« Seine Gedanken schienen zu rotieren, als er meine Frage hörte. Er streichelte meine Hände, sah mich an, küsste meine Hand und stellte eine Gegenfrage: »Was meinst du damit?« Ich erklärte, dass ich nur mit einem Mann schlafe, wenn ich Potenzial für eine gemeinsame Zukunft sehe. Da wir beide etwas Festes suchen, könnten wir doch zusammen sein. Das Daten dauerte zu diesem Zeitpunkt fast vier Wochen. Er war unsicher, wie er antworten sollte. Ich fragte ihn nach drei optischen und charakterlichen Dingen, die er an sich toll fand. Ihm fiel nichts ein. Charakterlich sagte er, er sei empathisch und hilfsbereit. Ihr könnt euch vorstellen, was ich als Löwin tat. Ich nahm ihn mit ins Badezimmer, ließ ihn in den Spiegel sehen und fragte, was er dort sah. Er antwortete, dass er nichts sähe. Er fand, dass seine Augen schwarz wie die des »schwarzen Mannes« wären, vor dem alle Angst hätten. Ich umarmte ihn von hinten, drückte ihn an mich und sagte, ich wünschte, er könnte sich durch meine Augen sehen. Dann machte ich ihm ein paar Komplimente. Als wir uns mit einem Kuss verabschiedeten und uns einen erholsamen Urlaub wünschten, wusste ich, dass es vorbei war, bevor es überhaupt angefangen hatte. Mein Bauchgefühl hat es mir verraten, dass es keine Fortsetzung geben wird. Während meines Urlaubs schrieb ich ihm morgens. Seine Antwort war respektvoll, aber nüchtern. Ich schrieb, er könne meine Nachricht lesen, aber er antwortete nicht darauf. Daher bat ich ihn an meinem zweiten Urlaubstag um ein Facetime-Telefonat. Er stimmte zu. Ihr könnt erraten, wie es ausging. Er war nicht bereit für eine Beziehung. Er sagte, ich sei viel weiter als er, aber er möge mich und wolle mich weiterhin sehen, weil ich ihm guttue. Nun, ich konnte das nicht akzeptieren und beendete es. Ich bin zu schade für unverbindlichen Sex und ich bin nicht gewillt, einen Mann von meinem Wert zu überzeugen. Doch ich sagte ihm, er würde es bereuen, genau wie all seine Vorgänger, die sich nach ein paar Monaten bei mir meldeten und nun bereit waren. Doch zu spät. Natürlich erwähnte ich auch, dass ich den intimen Kontakt mit ihm bereut habe, obwohl das Unsinn war. Er schien schockiert zu sein. Ich wünschte ihm alles Gute und teilte ihm mit, dass ich seine Nummer, Fotos und den Chatverlauf löschen würde. Was soll ich sagen, Mädels? Ja, sie alle haben meine Nummer noch, da ich ihre Profilbilder sehe. Ein Mann, den ich nie getroffen hatte, aber ein paar Tage auf einer Dating-App-Seite geschrieben hatte, fragte ich, warum diese Männer meine Nummer nicht einfach löschen würden? Er meinte, wenn Sex im Spiel war, sei ich wohl eine Granate und sie wollten es sich offenhalten... wer weiß, vielleicht bereut er es und kehrt reumütig zurück, entschuldigt sich aufrichtig. Vielleicht gibt es Hoffnung. Die andere Möglichkeit ist, dass, obwohl es keinen Sex gab, ich den Mann dennoch beeindruckt habe, weil ich speziell bin. So oder so, ich bin alleine, genauso wie ihr. Immer wieder stoße ich auf Mister Vogel auf Dating-Seiten. Wir schreiben miteinander und haben uns noch zwei weitere Male innerhalb der nächsten paar Monate getroffen. Und ja, Mädels, ich bin wieder auf ihn hereingefallen, wenn auch ohne intimen Kontakt. Schließlich schrieb ich ihm über den Messenger, dass wenn er im zweiten oder dritten Anlauf suggeriert, er habe an sich gearbeitet und dann doch mit sexueller Energie zurückkehrt, ist das eine Form von sexuellem Missbrauch. Das werde ich nie wieder zulassen.

KAPITEL 29

# Arbeitszeiten

Trotz eines Matches und einiger schöner Gemeinsamkeiten waren die Arbeitszeiten nicht miteinander vereinbar. Deshalb kam es leider nie zu einem Treffen mit diesem Mann. Ich habe bemerkt, dass es immer eine Ausrede gab, die das erste Treffen immer weiter nach hinten verschoben hat. Ehrlich gesagt, hatte ich nach vier Wochen keine Lust mehr darauf. Ich denke, wenn jemand wirklich will, findet er einen Weg und eine Lösung. Alles andere sind in meinen Augen nur Ausreden. Ich frage mich auch, warum solche Männer überhaupt eine Frau kennenlernen möchten, wenn sie bereits mit ihrer Arbeit verheiratet sind und diese nicht einmal gerne machen. Ein »Blaumachen« wäre hier sogar lohnenswert gewesen. Ich bin mir ziemlich sicher, dass ich hier für alle Frauen spreche. Eine loyale Frau sucht keine materiellen Dinge, sondern Zeit, Liebe und Verständnis von einem Mann. Liebe Leserin, wenn er nicht bereit ist, dir Zeit zu schenken, dann bedeutet das, dass er kein wirkliches Interesse an dir hat. Es mag hart klingen, aber es ist die Wahrheit.

KAPITEL 30

# Er blockiert mich grundlos

Ob wir unsere Nummern austauschen oder noch während des Matches im Chatverlauf auf einer Dating-Seite sind, ich kann nicht nachvollziehen, warum jemand, der sich gut mit mir verstanden hat und viele Gemeinsamkeiten aufwies, mich grundlos blockieren würde. Es ist legitim, den Kontakt nicht fortsetzen zu wollen, aber dann sollte man ehrlich sein und es offen sagen. Nur gesprochenen Menschen kann geholfen werden. Man sagt, Frauen seien kompliziert. Bei allem, was ich hier schreibe, habe ich noch nie einen Mann belästigt, beleidigt oder gestalkt. Meine Zeit und mein Seelenfrieden sind zu kostbar dafür. Lustigerweise haben einige mich später wieder entblockiert über WhatsApp oder in der Dating-App wieder »geliked« – für mich unverständlich, Mädels. Das zeigt, dass sie noch nachreifen müssen und wir sind alle schon lange aus dem Kindergartenalter heraus. In meinen Augen liegt bei solchen Männern definitiv eine Gedeihstörung vor, jedenfalls die, die ich gedatet habe.

# KAPITEL 31

# Nummern ausgetauscht, Telefonat super und er schrieb nicht »Bis morgen«

Kennt ihr das auch? Man hat ein Match auf einer Dating-Seite, fühlt sich optisch zueinander hingezogen, der Schreibstil passt, nicht zu aufdringlich, nicht zu introvertiert, kein Hinweis auf sexuelle Dinge, man entscheidet sich, die Nummern auszutauschen. Doch kaum schreibt man über WhatsApp weiter, bricht die Kommunikation von heute auf morgen ab. Was ist in den letzten 24 Stunden passiert? Rede mit mir, erkläre es mir. Mit mir kannst du über alles reden. Dann entschied ich mich, den Mann anzuschreiben. Er las die Nachrichten fleißig, antwortete aber nicht. Wenn er am Ende des Schreibens oder Telefonats nicht »Bis morgen« sagt oder schreibt, obwohl das Telefonat toll war und er sozusagen »an der Angel« ist, wird er nicht mehr von sich hören lassen.

Ich frage mich wirklich, wie ein Mann eine Frau so ignorieren und herzlos sein kann? Früher hätte ich solch‘ einen Mann verflucht, aber mittlerweile habe ich Mitgefühl für solche Menschen und halte Abstand von solchen Energien.

KAPITEL 32

# Kaum Nummern ausgetauscht, Match aufgelöst – warum?

Dieses Kapitel beschreibt, wie schnell ein Mann das gemeinsame Match auf einer Dating-Seite löscht, nachdem er deine Nummer bekommen hat. Ich habe das schon oft beobachtet. Mädels, wenn ihr ein Match habt, Nummern austauscht und euer Schwarm das Match auflöst, dann nur deshalb, weil er nicht will, dass ihr seht, dass er vielleicht mit anderen Frauen schreibt. Es gibt viele Möglichkeiten, seine Aktivität auf Dating-Portalen zu verbergen. Solches Verhalten macht mich misstrauisch. Nach dem Löschen des Matches und dem Nummernaustausch hat das Interesse des Mannes meist schnell nachgelassen und der Kontakt brach spätestens nach zwei Tagen, ab. Bei meinem letzten Kandidaten schrieb ich über WhatsApp, dass wir auf der Dating-App deutlich mehr miteinander kommuniziert hatten. Er hatte das Match auflösen wollen, weil er Dating-Apps hasst und Kommunikation über WhatsApp angeblich einfacher ist. Er las meine Nachricht, antwortete aber nie. Na ja, ich löschte seine Nummer und den Rest gleich dazu.

# KAPITEL 33

# Profilbild auf WhatsApp nicht persönlich

Ich habe das schon oft erlebt. Ein Mann, den ich virtuell kennenlernte und mit dem ich Nummern austauschte, hatte kein persönliches Profilbild in WhatsApp. Solche Profile finde ich grundsätzlich verdächtig und es hat sich bisher immer bewahrheitet, dass etwas nicht stimmte. Bei einem anderen Mann, der anfangs kein Profilbild hatte, bemerkte ich später, dass er eine Zeichnung eines Paares verwendet hatte. Es war eine farbige Zeichnung, auf der das Paar Sex hatte. Solche Dinge machen mich skeptisch. Es ist fragwürdig, wenn ein Mann so etwas als Profilbild nimmt. Das ist ein »Fuckboy«, der nur Frauen abschleppen will – sonst nichts. Das hat nichts mit Ehrlichkeit zu tun. Lauf so weit wie möglich weg.

KAPITEL 34

# Meine zeitliche Kapazität

Ich muss gestehen, nachdem die Diagnose Diabetes mich und mein Kind überraschte, war ich plötzlich sehr erschöpft. Die sogenannte Remissionsphase dauerte laut Ärzten zwei Jahre. Daher war ich aufgrund des Diabetes meines Kindes zeitlich nicht immer flexibel und oft gesundheitlich angeschlagen. Männern fiel es schwer, sich auf eine mögliche Wochenendbeziehung in den ersten Wochen einzulassen. Je nach Entfernung hätte es auch unter der Woche für ein Treffen klappen können, aber ich konnte mein minderjähriges Kind nicht lange alleine lassen, schon gar nicht abends. Alleinerziehende Mütter und Väter verstehen das sicherlich und ich hoffe, die anderen auch. Es ist eine Frage des Verständnisses, nicht nur des alleinerziehend seins. Ohne einen passenden Babysitter geht es einfach nicht und den habe ich nicht.

KAPITEL 35

# Mundspeichel im Überfluss

Einmal hatte ich ein Date mit einem Mann und während wir spazieren gingen, sah ich, wie er auf den Boden spuckte. Ich war wirklich entsetzt über dieses Verhalten und es war offensichtlich, dass ich darüber nicht erfreut war. Kann man nach so einem Anblick diesen Mund überhaupt noch küssen wollen? Lass mich nachdenken... Nein, auf jeden Fall nicht. Das Date war für mich sofort erledigt. Selbst wenn er der letzte Mann auf Erden gewesen wäre, Anstand und gute Manieren sind Grundvoraussetzungen für mich. Ich bin eine selbstbewusste Frau und wünsche mir auch von meinem potenziellen Partner, dass er sich ordentlich verhält. Dies war eines meiner kürzesten und ekligsten Dates.

# KAPITEL 36

# Er gebildet, Akademiker mit persischem Akzent

Ich weiß nicht, ob der ein oder andere schon einmal ein Date mit jemandem hatte, der persische Wurzeln hat. Ich hatte diese Erfahrung gemacht. Ein Mann aus dem Iran, der perfekt Deutsch sprach, aber einen persischen Akzent hatte. Glaub mir, das ist akustisch überhaupt nicht sexy, jedenfalls nicht für mich. Natürlich kann er nichts dafür, aber ich fand es nicht attraktiv.

Ich wollte ihm wirklich eine Chance geben, aber es funktionierte einfach nicht. Während des Dates musste ich oft innerlich schmunzeln, wenn er sprach. Es war also ein kurzes Intermezzo. Bitte verstehe mich nicht falsch, denn ich nehme jeden so an wie er oder sie ist und wenn ich nur einen Kumpel wollen würde, wäre es was anderes. Allerdings suchte ich einen festen Partner und da konnte ich seine Stimme nicht länger aushalten.

Ich würde nie von einem Mann erwarten, dass er Vocal Coaching macht, damit seine Stimme angenehmer klingt. Für die körperlichen Merkmale kann der Mensch nichts dafür, dass ist mir schon bewusst, aber wie dem auch sei. Es tat mir leid, obwohl er optisch attraktiv war, ist mir eine tiefe, maskuline Stimme wichtiger als ein Sixpack. Jeder hat seine Prioritäten und für mich als kommunikativen Menschen ist die Stimmfarbe und Kommunikation wichtiger.

**Scan Me**

# KAPITEL 37

# Er wohnt weit entfernt

In diesem Kapitel geht es um ein potenzielles Date, bei dem alles stimmte, außer der Entfernung. Die Entfernung war der entscheidende Faktor. Stell dir vor, ich hätte mich mit ihm getroffen, vielleicht auf halber Strecke und plötzlich hätte es ein Problem mit meinem Kind gegeben. Ich hätte nicht rechtzeitig nach Hause kommen können. Man könnte sagen, wir könnten uns in der Mitte treffen, aber das ist langfristig gesehen keine Lösung. Auch zu mir nach Hause zu gehen, wäre nach nur drei Dates unangemessen gewesen. Es ergab einfach keinen Sinn auf lange Sicht. Ich hatte genug Dates innerhalb von Köln, wo man aufgrund des Verkehrs oft schon eine halbe Stunde zu spät kam. Es sollte nicht sein, und ich akzeptierte es und ließ los.

# KAPITEL 38

# Tragischer Autounfall und fehlender Vorderzahn

Mister Zahnlos... Mit diesem Mann begann alles mit einem Match auf einer Datingseite. Nice to match You. Dann tauschten wir recht schnell die Nummern aus. Er war ein romantischer Pariser, hochbegabt, schrieb an einem Buch und hatte vielseitige Interessen. Da er seine Sexualität eher langsam angehen ließ, nannten die Frauen ihn Mister Smooth. Aber ich habe ihn nie im echten Leben getroffen. Warum? Ganz einfach. Das Schicksal hatte wohl andere Pläne. Wir mussten unser Treffen zweimal verschieben. Erstens wegen Arbeitszeiten und Überstunden, die wir beide leisten mussten. Zweitens aufgrund eines Autounfalls. Er war zu Besuch in Köln und war mit dem Skateboard unterwegs und wurde plötzlich von einem Auto angefahren. Er hatte ernsthafte Verletzungen erlitten, darunter den Verlust eines Vorderzahns. Er zweifelte daran, ob ich ihn unter diesen Umständen treffen wollte. Nach einigen Tagen und ständigem Schreiben hatte ich das Gefühl, dass er glaubte, ich würde ihn nicht treffen wollen. Wir hatten eine Uhrzeit festgelegt, aber keinen Tag. Dann vereinbarten wir einen Tag, aber er verschob ständig die Uhrzeit nach hinten. Irgendwann fühlte ich mich von ihm verarscht, weil ich das Gefühl hatte, dass er meine Zeit nicht respektierte. Plötzlich beschuldigte er mich, dass ich schnell wütend werde. Als alleinerziehende Mutter kann ich nicht einfach springen, wenn er es möchte. Also sagte ich zwei Stunden vor dem Treffen ab. Ich lasse mir nicht vorwerfen, dass ich aggressiv bin. Ich wollte ihn kennenlernen, aber sein Verhalten und seine Selbstzweifel konnte ich nicht akzeptieren. Er hatte Fotos von sich geschickt, auf denen er aufgrund des Unfalls schlecht aussah. Die inneren Werte sind wichtiger als die Optik, aber sein Verhalten war nicht tolerierbar und die Kennenlernphase ohne ein Treffen war vorbei.

# KAPITEL 39

# Er ist der Fiat-Typ, ich der Ferrari-Typ – Unterschiedliche Tempi

Kennst du das, wenn du jemanden wirklich magst, aber eure Geschwindigkeiten nicht übereinstimmen? Entweder geht er zu schnell vor und will sofort körperlich werden, oder er lässt sich ewig Zeit, bis ihr euch überhaupt trefft. Ein gesundes Gleichgewicht zwischen Nähe und Distanz, zwischen Schnelligkeit und Langsamkeit, besonders in Bezug auf Körperlichkeit, ist entscheidend.

Wir waren nicht auf derselben Wellenlänge und energetisch gesehen, war es anstrengend für mich. Ich treffe schnell Entscheidungen und weiß, was ich will. Was ich nicht verstehe ist, wenn ich mich bemühe, auf den Mann zuzugehen, warum bremst er dann? Nicht unbedingt körperlich, sondern in der Kommunikation oder beim Planen von Treffen. Ich hatte das Gefühl, dass ich dem Mann hinterherrenne. Das hat mich genervt und mein Interesse an solchen Männern schwand schnell. In Bezug auf Körperlichkeit waren sie ungeduldig und wirkten, als wären sie auf der Flucht. Sie waren fordernd und hatten kein Vertrauen in die Situation und das Tempo.

KAPITEL 40

# Er wollte mich optisch und charakterlich verändern – Keine bedingungslose Annahme meiner Person

Es gab auch Männer beim Dating, die mich angeblich toll fanden, optisch und charakterlich. Aber der eine oder andere wollte mich doch in seiner eigenen Vorstellung umgestalten. Für den einen hatte ich zu wenig Po und Brüste, für den anderen zu viel. Einige meinten, ich solle abnehmen oder zunehmen, die Haare anders tragen, locken oder glätten. Oder mehr Kleider und Highheels tragen, oder Strapse und so weiter. Hinzu kam, dass ich den meisten Männern zu selbstbewusst war. Diese Männer wollten aus mir eine Frau machen, die ich nie sein wollte und waren nicht bereit, mich bedingungslos anzunehmen, wie ich bin. Während meiner ersten Phase des Datings habe ich das leider mitgemacht. Es ist kein Kapitel, auf das ich stolz bin. Ich dachte, wenn ich mich mehr wie diese bestimmte Frau verhalte oder aussehe, dann zeigt das, wie sehr ich mich bemühe und es ernst meine. Einige

Wochen später merkte ich, wie traurig ich war und noch mehr an mir zweifelte, weil ich trotz meiner Bemühungen nicht über die Kennenlernphase hinauskam. Kennt ihr den Film »Rocky 4«, als Apollo nach dem Schlag bewusstlos zu Boden fiel? So fühlte ich mich jedes Mal. Ich warf das Handtuch und gab auf. Natürlich gefiel es diesen Männern nicht, dass eine Frau den Mut zum Gehen hatte. Da fällt mir das Lied von Lindenberg und Apache ein… »Und wenn ich geh', dann so wie ich gekommen bin, wie ein Komet, der zweimal einschlägt«… Ich habe krampfhaft versucht, diesen Männer-Vorstellungen zu entsprechen, aber wie das Wort schon sagt: »Krampf« – das funktioniert nicht auf Zwang.

KAPITEL 41

# Ghosting

Kennst du das Phänomen des Ghostings? Ja, mir ist das bekannt. Ich hätte niemals erwartet, dass ich geghostet werde. In meiner ersten Dating-Phase war ich darauf nicht vorbereitet. Ich dachte naiverweise, dass ich von Männern respektvoll behandelt werde, besonders wenn wir uns nicht kennen. Zeigen wir uns nicht von unserer besten Seite? Nenn mich altmodisch, aber mir wurde beigebracht, meine Mitmenschen mit Respekt zu behandeln. Leider bin ich in den letzten Jahren immer wieder auf solche Männer gestoßen. Hier ist ein Beispiel: Ich lernte jemanden kennen, der Kontakt hielt zwei Tage lang, aber dann von jetzt auf gleich nichts mehr – Ghosting. Ich war fast bereit, eine Vermisstenanzeige zu schalten. Nein, Spaß beiseite. Ein solches Verhalten ist unreif. Wenn er nicht mehr interessiert ist, aus welchem Grund auch immer, kann er einfach Bescheid sagen. Männer, warum fällt es euch so schwer, ehrlich zu sein? Wir Frauen wünschen uns nur Ehrlichkeit, selbst wenn es schmerzt. Lügen oder plötzliches Ignorieren und Ghosting sind nicht hilfreich. Lass solche Menschen gehen. Du verdienst jemanden, der ehrlich ist und dir ins Gesicht sagen kann, was Sache ist. Verschwende keine Zeit damit, dir Erklärungen zurechtzulegen. Menschen mit solchem Verhalten haben oft ein geringes Selbstwertgefühl oder gar keins.

KAPITEL 42

# Er war nett und lieb, aber die Anziehung fehlte, trotz Loyalität und gutem Benehmen

Dieses Kapitel handelt von meinen Erfahrungen mit Männern, die nett, loyal und höflich waren. Sie schickten mir süße »Guten Morgen« und »Gute Nacht« Nachrichten und hatten gute Manieren. Aber die Anziehungskraft fehlte einfach. Der Funke sprang nicht über. Bei manchen dauerte die Kennenlernphase länger, da ich nicht aufgeben wollte. Ich hoffte, dass ich vielleicht noch irgendwelche anziehenden Eigenschaften an ihnen finden würde, wenn ich geduldiger wäre. Am Ende stellte sich heraus, dass es nicht passte. Wie immer bedankte ich mich für die Zeit und Erfahrungen und wünschte alles Gute.

# KAPITEL 43

# Er zu schwach im Opfertum, ich zu stark im Schöpfertum

Durch meine Dating-Erfahrungen bin ich zur Selbstliebe gekommen, da Männer Aspekte in mir spiegelten, die Heilung brauchten. Oft traf ich auf Männer, die noch nicht im Frieden mit sich waren. Wir ziehen nicht nur Menschen an, die unseren Mangel spiegeln, sondern auch solche, die so sein möchten wie wir: Licht und Liebe. Wenn wir wie ein Leuchtturm strahlen, sind wir oft Seelengefährte für andere, um ihnen zu helfen. Wie das Licht Motten anzieht, zog ich solche Männer an und wusste oft, welchen Seelenvertrag wir hatten. Manche begleiteten mich kurz, andere länger, und wenige bis zum Ende. Einige fühlten sich vertraut an, obwohl wir uns erst seit Tagen kannten und dann war es vorbei. Ich akzeptierte und ließ los. Die meisten meldeten sich wieder, aber es fühlte sich anders an und ich wusste, dass Loslassen richtig war.

# KAPITEL 44

# Mister steckt in Co-Abhängigkeiten

Wir alle haben Co-Abhängigkeiten, sei es in großen oder kleinen Ausmaßen. Dieser Mann lebte trotz Trennung mit seiner Noch-Ehefrau und Kindern im selben Haus. Das allein ist zunächst kein Problem. Doch es wurde problematisch und kurios, als er nicht den Anschein machte, auszuziehen und sogar dasselbe Bett mit ihr teilte. Das ist wirklich seltsam. In der Kennenlernphase war es besonders schwierig, dies mitzumachen, insbesondere da ich als potenzielle neue Partnerin wusste, dass die Noch-Ehefrau den Mann immer noch liebte und die Trennung nicht wollte. Sie kämpfte weiterhin um ihn. Die Tatsache, dass sie immer noch im selben Bett schliefen, war schwer zu verdauen. Es tut mir leid, aber zu der Zeit hatte ich einfach kein Vertrauen, dass er mich wirklich kennenlernen wollte. Natürlich schätze ich seine Ehrlichkeit. Er hätte es mir nicht sagen müssen und dennoch konnte ich es nicht ertragen.

KAPITEL 45

# Er, Mister Koch der Phantasien, arbeitet im Phantasialand

Ich habe diesen Mann drei Wochen lang gedatet. Anfangs war alles gut, aber plötzlich wurden seine Nachrichten unregelmäßig. Trotz einiger Dates und Erklärungen hatte er kein Verständnis dafür, in der Kennenlernphase über seinen Alltag zu sprechen. Er meinte, dass er das aus seiner vorherigen Beziehung nicht kannte oder so gehandhabt hat. Dann begann er mich mit unzähligen Alltagsfotos zu bombardieren. Er dokumentierte wirklich jeden Schritt. Von einem Extrem ins andere. Es fehlten nur noch Fotos von seinem Toilettengang. Ich versuchte ihm zu erklären, dass ich nicht alles dokumentiert haben wollte. Die Balance war in dieser Phase nicht da. Das Ganze endete nach drei Wochen.

KAPITEL 46

# Er hat mich am Tag des Dates versetzt

Dieses Kapitel handelt von Dates, die nie stattgefunden haben. Warum? Keine Ahnung, denn ich habe diesen Männern keine zweite Chance gegeben. Ein echtes Problem, wenn er zu spät aufwacht und es nicht für nötig hält, einen Wecker zu stellen und dadurch das Date verpasst. Die ersten paar Male war ich wirklich traurig über solche Absagen. Ich habe die Welt nicht mehr verstanden. Später dachte ich nur, danke, Gott, denn du weißt, dass es zu meinem Besten ist, dass diese Treffen nie zustande kamen. Meine Frage an diese Männer: »Stellt Ihr euch keinen Wecker für die Arbeit?« Irgendwann haben sie sich im Laufe des Tages gemeldet. Übrigens, ich nannte diese Schnarchnasen gerne »Dornröschen«. Wo war ich stehen geblieben? Ach ja, sie meldeten sich im Laufe des Tages und fragten, ob ich abends Zeit hätte. Klar, ich habe nur darauf gewartet, dass du dich erstmal ausschläfst und dann abends vorbeikommst, während mein Kind alleine zuhause sitzt, obwohl ich dir am Tag zuvor meine Lebensumstände deutlich erklärt habe. Nein, danke. Nicht böse gemeint, sorry, der Nächste bitte.

KAPITEL 47

# Mister Fuckboy – Er suggeriert »Ich will dich wirklich, vertrau mir«

Ich traute mich mein Herz ein wenig zu öffnen und gab ihm eine Chance, dann brach alles wie ein Kartenhaus zusammen, ohne Vorwarnung. Kennt das jemand von euch? Anfangs scheint alles gut zu laufen, dann stellt sich heraus, dass er ein »Fuckboy« ist. Hätte nie gedacht, dass ich dieses Wort verwenden würde.

Diese Männer üben eine starke Anziehungskraft auf das weibliche Geschlecht aus. Sie sind oft jünger als die Frauen und stehen auf reifere Damen, am allerliebsten auf »Milfs«. Milf steht für »Mum I'd like to fuck«. Ich habe jeden dieser Männer gefragt, was sie an älteren Frauen finden. Im Ernst, eine Frau über 40 hat meist nicht die Haut einer 20-jährigen. Unser Körper hat oft Schwangerschaften hinter sich, Cellulite und graue Haare lassen grüßen. Die Antwort war immer dieselbe: »Reife Frauen sind nicht anstrengend, sie wissen, was sie wollen, sind entspannter, erfahren im Bett.«

Wenn du nur Sex willst, sag es doch einfach. Die Wahrheit kommt sowieso heraus. Danke für diese Erkenntnis, Mister Fuckboy. Allerdings ist es mit meinem Selbstwert nicht mehr kompatibel. Bye!

Scan Me

# KAPITEL 48

# Er, Mister Halblatino Kuba-Indien (die Chillischote)

Nach all den Dating-Erfahrungen war dieses Kapitel besonders emotional für mich. Du warst einer meiner Seelenpartner. Du warst der erste Mann nach vielen Jahren, bei dem ich mein Herz öffnete, mich verletzlich zeigte und mich in dich verlieben wollte. Diese ständigen Auf und Abs raubten mir den letzten Nerv, ließen mich kraftlos und demotiviert zurück. Arbeit und mein Kind waren die einzigen Lichtblicke. Du warst halb Inder, halb Kubaner – sehr attraktiv. Du warst ein Workaholic und hattest traumatische Erfahrungen, die du mit mir teiltest. Ich wusste bis zum Schluss nicht einmal, wo du wohntest. Ich habe unsere Verbindung verstanden, aber deine Angst und der ständige Vergleich mit deiner Ex-Freundin zerrten an mir.

Es war im Grunde zum Scheitern verurteilt gewesen. Sein Bruder begann Suizid und seine Ex-Freundin stand 6 Monate nach der Trennung und Auszug eines Abends im dunklen Wohnzimmer. Als Empath verstehe ich es und ich wollte ihm helfen, aber er war nie gewillt an sich zu arbeiten und er wollte sich nicht helfen lassen.

Falls du das liest, Mister Latino, ich wollte dich nur lieben, aber du hast uns nie eine echte Chance gegeben. Unsere Kommunikation lief überwiegend über Instagram. Im November 2022 gabst du mir deine Nummer. Aber als unser Kontakt wieder mal abbrach, löschte ich diese. Unsere Geschichte begann im Oktober 2022 und endete im März 2023 mit vielen on-off-Phasen. Am 26.03. habe ich dir zum Geburtstag gratuliert und gesagt, dass ich unser Kapitel abgeschlossen habe. Dennoch hast du dich immer wieder alle paar Wochen bei mir gemeldet, bis Anfang Herbst 2023. Ich werde keine Energie mehr in jemanden investieren, der nicht bereit ist, mich zu schätzen. Reisende soll man nicht aufhalten. Ich bin eine alleinerziehende Mutter mit einem chronisch kranken Kind. Lerne mich kennen oder lass es sein. Aber das ständige »Gib mir Zeit, Vertrauen braucht Zeit« reicht nicht. Du hattest genug Chancen gehabt und am Ende habe ich dich immer wieder abgewiesen.

Nun nehme ich dich auf meine persönliche Gedankenreise mit.

Scan Me

# KAPITEL 49

# Alkohol und allgemeiner Drogenkonsum

Wir alle haben diverse Co-Abhängigkeiten. Bei dem anderen sind es eher heftige Themen wie Drogen, Alkohol, Sexsucht, Einkaufssucht, materielle und finanzielle Abhängigkeiten von Expartnern oder auch die emotionale und soziale Abhängigkeit eines minderjährigen Kindes von seinem alleinerziehenden Elternteil. Mein Fokus in diesem Kapitel liegt jedoch auf der Abhängigkeit von Drogen und Alkohol. Meine Toleranzgrenze ist ziemlich hoch. Meine Erfahrungen in Bezug darauf waren mit zwei Männern folgendermaßen:

Der eine hatte eine langjährige Suchtproblematik im Zusammenhang mit Cannabis und der andere hatte Probleme mit Alkohol. Bier und Cannabis gehören zwar nicht zu den härtesten Drogen, aber nun gut. Auch in diesen beiden Fällen zeigte ich Verständnis und versuchte herauszufinden, warum diese Männer zu diesen Substanzen griffen. Eine Sucht beinhaltet bereits das Wort »Suche«. Beide Männer konnten mir auf die Frage, wonach sie suchten, aufgrund des Drogen- und Alkoholmissbrauchs antworten, dass sie abschalten, vergessen, ihre Gedanken und Gefühle verdrängen und sich betäuben wollten.

Mädels, spätestens nach dieser Antwort sollte jede von euch wirklich in sich hineinhören und erkennen, dass ihr niemanden retten könnt, der nicht bereit ist, sich aus gesundheitlichen Gründen zu heilen und die Co-Abhängigkeit loszulassen. Das Wort »Bereitschaft« beinhaltet bereit zu sein, etwas zu verändern. Ist ER nicht dazu bereit, dann solltest du dich verabschieden. Deine Energie vom Patienten abwenden und wirklich nur einen Partner anstreben. Alles andere ist Zeitverschwendung.

# Mister Vollblut Inder: Bollywood lässt grüßen, inklusive Beleidigungen, Belästigungen, narzisstische Züge und Anzeige

Diesen Mann lernte ich zwei Monate nach Mister Latino kennen. Er war nicht mein Typ und eigentlich wollte ich nur mit ihm über die Dating-App chatten, mehr nicht. Ich hatte zu diesem Zeitpunkt bereits die Hoffnung aufgegeben, dass ein Mann mich wirklich kennenlernen will und nicht nur etwas Lockeres in mir sieht. Wir schrieben die ersten paar Tage miteinander. Ich fand ihn bildlich irgendwie doch anziehend, obwohl er nicht meinem Geschmack entsprach. Seine spirituellen Ansichten und sein Glaube motivierten mich zu einem Treffen. Ich besuchte ihn zuhause, was ich beim ersten

Date normalerweise nie gemacht habe. Es fühlte sich unkompliziert und »normal« an. Zwei Tage später folgte das zweite Date. Er erzählte mir viel von seiner Exfreundin und den Problemen, die er mit seinen Eltern aufgrund dieser Beziehung hatte. Seine Eltern hatten eine symbiotische Beziehung mit ihm, da sie viel Unangenehmes miteinander erlebt hatten. Sie hatten ihn damals aus der Wohnung geworfen und ihn wegen der Exfreundin angezeigt. Ihre Verbindung ähnelte einer Co-Abhängigkeit.

Eigentlich kam von Anfang an nur eine indische Frau in Frage, alle anderen Nationalitäten waren zum Scheitern verurteilt. Doch das erfuhr ich erst nach dem Sex mit ihm. Diese Kennenlernphase dauerte 7 Wochen, bis ich beschloss, sie zu beenden. Nach jedem Beischlaf fühlte ich mich immer schlechter. Ich war energetisch völlig leer. Ich erklärte ihm immer wieder, wie es mir nach dem Sex ging, doch er kämpfte immer weiter. Ich hatte mich noch nie einem Mann so verletzlich gezeigt, über meine Schattenseiten gesprochen, von meiner Kindheit, meinen Eltern und dem Schmerz, dem ich immer wieder ausgesetzt war. Es endete unschön. Nach 7 Wochen beendete ich es endgültig. Zuerst schien er es zu akzeptieren. Doch drei Wochen später schrieb er mir an Valentinstag erneut, was mich überraschte. Wir schrieben hin und her. Er wollte nicht begreifen, dass ich ihm nicht mehr als Freundschaft geben konnte. Er hat mir im folgenden Chatverlauf, inklusive Beleidigungen, vorgeworfen, dass ich nicht in sein Leben passe und mich nur für Sex angeboten habe. Er betonte, dass nur eine indische Frau für ihn und seine Eltern infrage käme. Er hat meine Schattenthemen gegen mich verwendet. Ich fragte mich, wie ein Mensch so sein konnte. Die Beleidigungen hörten nicht auf. Ich habe ihn blockiert und er schrieb weiterhin über SMS, inklusive Beleidigungen. Ich habe ihn angezeigt und ihn auf allen Kanälen blockiert. Ich kann nicht einmal sagen, dass mich dieses Verhalten verletzt oder enttäuscht hat. Ich war einfach entsetzt und erschrocken, dass ein Mann so handeln konnte, nur weil ich nicht mehr mit ihm schlafen wollte. Dieses Verhalten habe ich in all den Jahren des Datings nie erlebt. Mich zu beleidigen, weil sein Ego verletzt war, ist eine Sache, aber mein Kind und meine Berufung miteinzubeziehen – warum?

Unser Kontakt endete, als sei nie etwas gewesen. Das war meine letzte Dating-Kennenlernphase von Dezember 2022 bis Januar 2023. Mädels, die Liebe handelt nicht aus Ego oder spricht aus dem Ego. Ein Mensch, der behauptet, gläubig und spirituell zu sein, würde solche Sätze nie äußern. Lustigerweise habe ich mich erneut bei derselben Dating-App angemeldet und kaum angemeldet, hat ER mich wieder geliked. Wir haben kurz miteinander geschrieben und er versuchte es schon wieder, aber als er merkte, dass der Zug längst abgefahren ist, löschte er die Konversation. Amen dachte ich mir nur. Ich war fertig mit ihm, nicht im Groll oder Hass, sondern einfach fertig. Ich wusste es zwar, aber das hat mir erneut gezeigt, dass Menschen Spiritualität und Glaube missbrauchen können, um ihre Ziele zu erreichen – und das hat etwas Narzisstisches an sich. Hier ist es wichtig, klare und liebevolle Grenzen zu setzen. Selbstachtung, Selbstliebe und Selbstwertgefühl sind entscheidend.

# KAPITEL 51

# Mister Corona

Diesen Mann habe ich ebenfalls über eine Dating-App kennengelernt. Mister und ich wollten uns treffen, aber Corona kam dazwischen. Lustigerweise hatte er für alles und Jeden Zeit gehabt, nur ich musste mich immer wieder gedulden. Es vergingen zwei Wochen, bis wir uns trafen. In real war er optisch sogar noch besser als auf den Fotos. Doch nach zwei Treffen war klar, dass es mit ihm keine Zukunft geben würde. Er zeigte Anzeichen einer autistischen Person. Ich meine, ich bin auch strukturiert und habe meine Pläne für den Tag, aber er hatte sogar einen festgelegten Ablauf für intime Momente. Das entsprach nicht meiner Vorstellung und ich habe das Treffen abgebrochen.

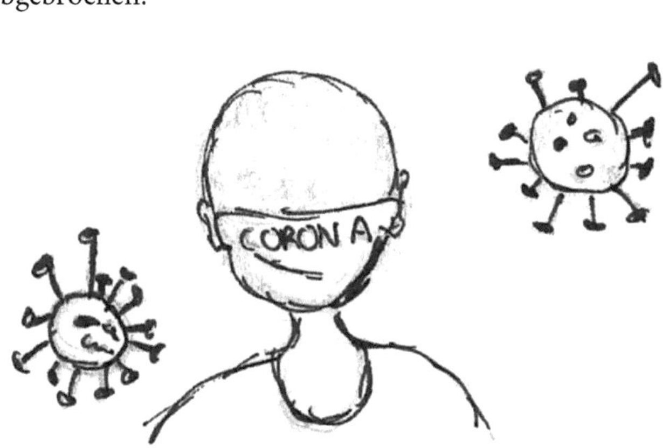

Das war nicht mehr meine Baustelle, obwohl ich es mehrfach erklärt hatte. Wenn man körperlich miteinander werden möchte, durchläuft man doch keine To-Do-Liste und hackt nacheinander ab – nach dem Motto: fünf Minuten küssen, dann unten liegen, dann ausziehen, dann oben liegen, dann Schluss. Intimität hat mit Sinnlichkeit und Zeitnehmen zu tun, nicht mit einem Sprint. Zum Glück waren es nur zwei gewöhnliche Dates und nicht mehr.

# KAPITEL 52

# Allgemein keine Ex-Dates mit alter Energie zurücknehmen

Oftmals, wenn alte Bekanntschaften aus der Vergangenheit sich meldeten, fragte ich mich, ob ich seinerzeit zu ungeduldig mit dem göttlichen Männlichen war. Sollte ich demjenigen eine weitere Chance geben? War ich zu streng in sexueller Hinsicht, da ein eigener Bauplan in meinem Kopf herrschte? Klar habe ich einigen eine Chance gegeben, in der Hoffnung, dass die Rückkehr eine Bedeutung hat. Doch am Ende fühlte es sich wie aufgewärmtes Essen an und der Appetit war vergangen.

Wenn du spürst, dass jemand aus der Vergangenheit mit alter sexueller Energie zurückkommt, sei dir bewusst, dass es oft nur auf Sex hinausläuft. Schau, ob du als LeserIn noch bedürftig bist, der Versuchung widerstehen kannst. Man schwelgt in alten Erinnerungen und Vibes, aber mehr nicht. Manchmal muss Mann oder Frau noch eine Ehrenrunde fahren, um in vollkommener Selbstliebe anzukommen und standhaft zu bleiben, mit dem Alten abzuschließen. Daher werde ich keinen Mann aus der Vergangenheit zurücknehmen. Es hatte einen Grund, warum es in der Vergangenheit bleiben sollte und nichts daraus wurde.

KAPITEL 53

# Mister Kontrolleti und nachtragend

Ich konnte nie ernsthaft etwas mit Männern starten, die besonders kontrollierend und nachtragend waren. Ich selbst bin nicht so, daher werde ich diese Eigenschaften niemals in einer Partnerschaft tolerieren. Ich bin nicht gewillt, einen Mann zu verändern. Er darf gerne kontrollierend und nachtragend sein, aber nicht mir gegenüber. Ganz einfach. Dieser Mann war nicht einmal mir gegenüber so, aber seine Erzählungen über sein Berufs- und Privatleben genügten, um Ablehnung in mir auszulösen. Er versuchte alle zwei Monate, eine Chance von mir zu bekommen, aber nein. Tess blieb standhaft.

KAPITEL 54

# Mister Prison Break im offenen Vollzug

Als Sozialarbeiterin habe ich bereits viele unterschiedliche Menschen aus diversen sozialen Schichten kennengelernt. Wer mich privat kennt, weiß, dass ich jede Seele bedingungslos annehme. Egal ob jung oder alt, dick oder muskulös, reich oder arm, gläubig oder nicht – deshalb habe ich jedem Mann, der für mich infrage kam, zwecks Datings eine Chance gegeben. Hierbei handelte es sich um einen Mann Mitte dreißig, der zu verschiedenen Zeiten über die Dating-App Kontakt aufgenommen hatte. Mit meiner Erfahrung im Dating erkannte ich gewöhnlich Muster darin, wann Männer schreiben, an welchen Wochentagen die Kommunikation intensiv ist und wann das Interesse abflaut. Doch dieser Mann folgte keinem bestimmten Muster, was mich stutzig machte. Am dritten Tag eröffnete er mir, dass er ehrlich sein möchte, da ich als Sozialarbeiterin arbeite und er mir vertrauen könne. Ihr werdet nicht glauben, wen ich damals energetisch angezogen hatte – einen Mann, der sich im offenen Vollzug der Justizvollzugsanstalt (JVA) Euskirchen befand. Ich war völlig perplex und fragte mich, warum ich nicht einfach einen normalen Mann kennenlernen konnte. Trotzdem überwog meine Neugierde. Ich traf mich an einem Samstag früh morgens mit ihm. Um es zu verstehen: Er arbeitete von Montag bis Freitag als Sportwart im Gefängnis, um sich Urlaubstage zu verschaffen, die ihm samstags Freigang ermöglichten. Nach unserem Treffen im Backwerk tranken wir Kaffee und Kakao. Er lud mich ein – erklärte aber ehrlich, dass die Einladung für sein männliches Ego wichtig sei und ich ließ ihn die Rechnung bezahlen. Anschließend fuhr ich ihn fast bis zu seinem Zuhause, da er mit seinen Kindern verabredet war. Wir verbrachten noch einige Zeit alleine im Auto. Er betonte, dass er zwei Jahre lang keine Frau geküsst habe, da er im geschlossenen Vollzug und teilweise 23 Stunden täglich in Einzelhaft verbracht hatte. Wir küssten uns, und er zitterte vor Aufregung. Er schnupperte an meinen Haaren, meinem Hals und kommentierte immer wieder, wie gut ich roch – nach Reinheit. Doch wie zu erwarten war, entwickelte sich daraus nichts. Wir kommunizierten heimlich per Facetime aus seiner Zelle heraus. An einem Abend herrschte viel Lärm in der JVA aufgrund von Unruhen. Da er bereits zweimal mit einem Handy erwischt worden war, legte er auf und sagte, er würde sich wieder melden. Drei Tage und Nächte vergingen, während ich mir tausend Szenarien ausmalte. Vielleicht war er erwischt worden, bekam Strafe oder sein Handy wurde weggenommen. Ich wollte ihm nicht schreiben, da ein JVA-Vollzugsbeamter möglicherweise seine Nachrichten überprüfen könnte. Doch Mister Prison Break versicherte, dass er sich melden würde. Also übte ich mich in Geduld und Hoffnung. Er meldete sich, erklärte, er sei krank gewesen, und berichtete von den eiskalten Bedingungen in der Zelle, da die Heizungen aufgrund des Hochwassers im Sommer zuvor ausgefallen waren. Er betonte, wie toll, hübsch, gütig und klug ich sei. Doch er müsse erstmal mit seiner Entlassung im März 2023 klarkommen und plane, seine Kinder zu sich zu nehmen. Er bot an, mich als Sozialarbeiterin und gute Freundin zu behalten – mehr könne er nicht bieten. Ich wünschte ihm, seinen Kindern und seiner Zukunft alles Gute. Obwohl der Kontakt abbrach, schickte ich ihm Trainingshandschuhe zum Geburtstag, da ich beim Date seine Hände gesehen hatte und wusste, dass er viel Sport trieb. Ich schickte sie per Post in die JVA. Er freute sich und bedankte sich via WhatsApp. Ich wünschte ihm viel Erfolg auf seinem Weg.

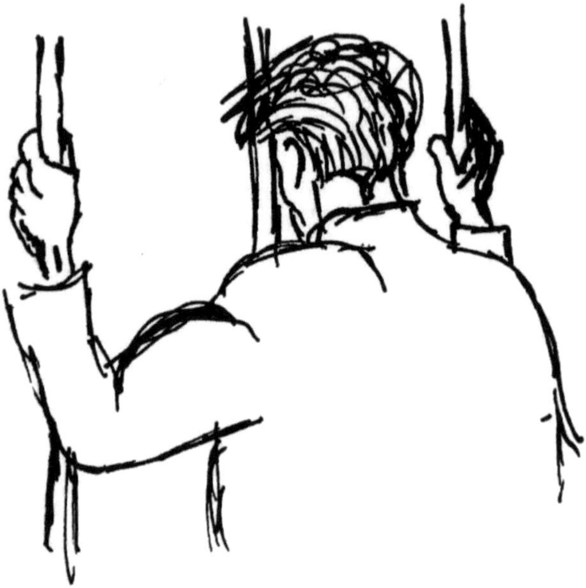

# KAPITEL 55

# Urinieren per Facetime

Was uns Frauen wirklich abtörnt – zumindest die, die ich kenne – ist die Frage: Warum urinierst du am dritten Tag während eines Facetime-Gesprächs? Natürlich muss jeder mal auf die Toilette, aber warum bittest du mich nicht kurz zu warten, während du deine Blase entleerst? Ich persönlich habe kein Verständnis für solches Verhalten, das zudem sehr abtörnend ist. In einer etablierten Beziehung, nachdem die Kennenlernphase hinter uns liegt, mag das akzeptabel sein. Aber definitiv nicht am dritten Tag eines Telefonats. Einfach nicht sexy. Da fehlte nur noch, dass er sein »großes Geschäft« erledigte. Bedenkt man, dass dies unser dritter Anlauf war – nachdem er die vorherigen Male auch schon »verkackt« hatte – wurde wiederum ein Grund für mein weiteres Singledasein geschaffen. Dabei hatten wir uns noch nicht einmal persönlich getroffen. Aus meiner Sicht ist das durchaus nachvollziehbar. An dieser Stelle werde ich die Männer nicht fragen, ob sie ein solches Verhalten einer Frau in der Kennenlernphase tolerieren würden. Vielleicht gibt es ja einige, die auf solche »Klogeschichten« stehen. In jedem Fall, kein schönes Ende.

KAPITEL 56

# Unverhofft und ungewollt geküsst

Es gab einen Kandidaten, den ich einmal getroffen habe. Normalerweise fanden die Dates immer tagsüber statt – beim Kaffee trinken, Spazierengehen oder Mittagessen. Ich traf ihn spontan an meinem Urlaubstag zu Mittag. Bisher nichts Außergewöhnliches. Man sagt, in den ersten 7 Sekunden entscheidet sich, ob aus einem Treffen mehr werden könnte. Er sah auf den Bildern attraktiver aus als in echt, aber das war kein Problem. Es ist ratsam, aufmerksam zu sein, wenn der Mann seine Körpergröße nicht im Profil angibt. Als er mir gegenüberstand, war er etwas größer als ich. Und ich bin mit meinen 1,55 m wirklich klein. Doch auch hier dachte ich mir: Tess, mach dir keinen Kopf. Der Fokus liegt auf den inneren Werten. Nach dem Kaffee und Kakao gingen wir in der Kölner Innenstadt spazieren. An einer Fußgängerampel hielten wir an und genau in dem Moment, als ich meinen Kopf von ihm wegdrehte, küsste er mich. Sein Kuss landete auf meinem linken Mundwinkel, aus meiner Perspektive links. Ich war wirklich entsetzt, denn ich hatte keinerlei Signale gesendet, die ihn dazu ermutigt hätten, mich zu küssen. Schulz von Thun hat das sogenannte 4-Ohren-Modell oder auch Kommunikationsmodell (Sender-Empfänger-Modell) entwickelt.

Dieses Modell erklärt, wie Nachrichten auf vier verschiedenen Ebenen beim Empfänger ankommen und verstanden werden: die Sachebene, Appellebene, Beziehungsebene und Selbstoffenbarungsebene. Das Verhalten meines Dates versetzte mich in Schweigen und das passiert mir wirklich selten. Ich fragte ihn, wie er dazu kam, mich zu küssen, da ich keinerlei Anzeichen für ein Flirten gesendet hatte. Beim Kaffee trinken hatte ich ihm mitgeteilt, dass der Funke nicht übergesprungen sei. Seine Antwort war, er hatte Lust dazu und bevor es zum Abschied kam, wollte er mich geküsst haben. Ich erklärte, dass sein Verhalten übergriffig sei und für mich sei das Treffen an diesem Punkt beendet. Er hatte nicht mit dieser Reaktion gerechnet. Ich sagte nur noch: Aktion = Reaktion, alles Gute für dich und mach das nie, nie wieder, wenn die Frau bereits im Vorfeld keinerlei Anziehungskraft für dich verspürt.

# KAPITEL 57

# Die 3 B's

Meine sogenannten »3 B's« widme ich all jenen Männern, die in meinen Augen – um es direkt auszudrücken – blind, blöd und bedürftig waren. Vielleicht sind sie es immer noch, keine Ahnung, ob und wie sie sich weiterentwickelt haben. Kennst du dieses Gefühl? Du siehst ihn und du denkst, Mister Adonis steht tatsächlich vor dir und dann kommt der Absturz. Ein Mann, der seinen eigenen Wert nicht erkennt und ich muss ihn daran erinnern, dass er sich nicht auf sein Geschlechtsteil reduzieren sollte, ist unten durch bei mir. Ich möchte zuerst ihn und seine Persönlichkeit kennenlernen und dann seinen Körper. So verliert der schönste Mann vor meinen Augen jeglichen Wert. Solche Männer finde ich absolut unattraktiv. Mit solchen Energien möchte ich nichts mehr zu tun haben. Das ist mir zu anstrengend und führt ins Nirgendwo.

# KAPITEL 58

# Hochverschuldet und im Streit mit der Ex wegen Kinder und Geld

Auch dieses Thema kam mir sehr bekannt vor, nämlich das Thema Finanzen. Als mir der Mann offenbarte, dass er Schulden hatte und noch vieles mit seiner Exfrau wegen der Kinder und des Geldes zu klären hatte, schaute ich innerlich wieder nach oben und dachte: »Lieber Gott, ich vertraue auf dich. Ich bin geduldig und gewillt, jeden so anzunehmen, wie er ist. Aber warum kann mir nicht einmal ein Mann begegnen, der gesunde finanzielle Absichten hat?«

Ich erfuhr von seinen Schulden beim dritten Date. Das Problem war nicht allein, dass er Schulden hatte, sondern vielmehr sein Umgang damit. Wegen des Schuldenbergs lag er zusätzlich mit seiner Exfrau im Clinch und wollte in der Erziehung der gemeinsamen Kinder nicht mehr involviert sein, um seiner Exfrau eins auszuwischen. Als alleinerziehende Eltern haben wir alle solche Situationen mit unserem Ex-Partner erlebt, aber Kinder sollten niemals darunter leiden müssen, dass ein Rosenkrieg zwischen ihren Eltern tobt und diese im Streit liegen. Das zeugt nicht von einem guten Charakterzug.

Stell dir vor, du hättest später mit diesem Menschen selbst Kinder und am Ende trennt ihr euch. Solch ein Charakter wird niemals einen Platz in meinem Leben haben.

# KAPITEL 59

# »Wir klären es diese Woche noch ab...«

In diesem Kapitel möchte ich kurz aufzeigen, warum es auch diesmal nicht klappen konnte. Wir hatten hin und her geschrieben und uns für einen bestimmten Tag entschieden, an dem wir uns treffen wollten – so zeitnah wie möglich. Hier kommt der Knackpunkt: Wenn du den Tag bereits festgelegt hast und er dich dann fragt, wo und zu welcher Uhrzeit... Nun, einige würden vielleicht denken: »Oh, wie nett, er nimmt Rücksicht auf dich und überlässt dir die Entscheidung.« Aber nein, ich sage dazu: Wenn er doch weiß, dass ich nur am Wochenende Zeit habe, abends und nachts nicht weggehen kann, weil ich keinen Babysitter habe – ja, dann frage ich mich, ist er blind, blöd und bedürftig? Sucht er sich absichtlich eine ältere Frau aus, damit sie die Richtung vorgibt und ihn bemuttert, wie zu Hause? Nein, Männer, es wird Zeit, in eure Macherenergie zu treten und euch wie Männer zu verhalten. Sagt von euch aus, wann und wo das Treffen stattfinden soll. Was ist daran so schwierig?

Jetzt verstehst du vielleicht, was ich mit meinen »3 B's« meine.

Mädels, mal im Ernst, das könnte ein guter Diätplan sein. Jedes Mal, wenn er sich meldet, darfst du etwas essen... Haha, du wirst so dünn werden, denn er schreibt ja selten. Versteh es doch, er führt ein Imperium mit hunderttausenden Mitarbeitern, da kannst du nicht erwarten, dass er dir zwischen Schlafengehen und Aufstehen schreibt. Hab bitte etwas Geduld und Verständnis für ihn – lach.

Seien wir ehrlich mit uns selbst. Auf diesen Dating-Apps sind wir einer von Milliarden. Für viele Männer bist du nur eine Option und wenn ein Mann nicht klar mit dir kommuniziert, dann weißt du mit großer Wahrscheinlichkeit, dass er noch andere heiße Eisen im Ofen hat. Dass ist in Ordnung, aber dann kommuniziere es wenigstens offen. Aber nein, keiner traut sich, offen darüber zu reden. Wenn du dich gerade fragst, ob ich das offen kommuniziert habe – ja, habe ich. Von Anfang an sollte man authentisch und ehrlich sein. Vor allem sich selbst gegenüber. Wann habt ihr Männer aufgehört, Männer zu sein? Warum wollt ihr bis in eure 40er Jahre bemuttert werden? Ich bin es leid und müde, immer den ersten Schritt zu machen. Das hat ein Ende. Kein »Nächster bitte«. Oder vielleicht doch noch ein letztes Mal?

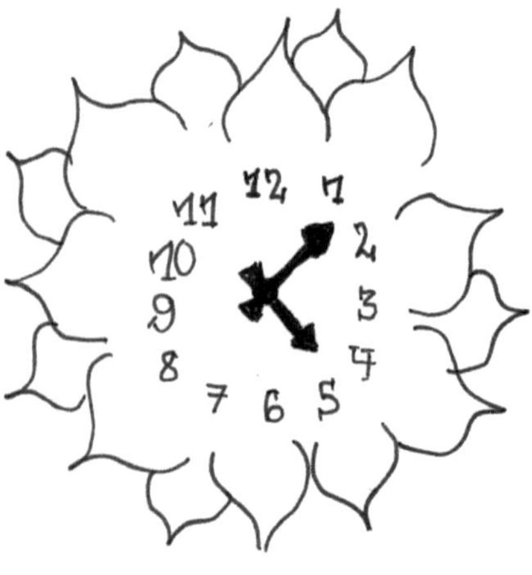

# KAPITEL 60

# »Ja, meine Herrin, ich will den Strap-on-Fick/ Strap-on-Dildo«

Meine Lieben, ich dachte, es könnte nicht heftiger werden, aber es wurde schlimmer. Dieses Kapitel erzählt von einer weiteren Erfahrung, die Gott sei Dank nie zu einem Treffen führte. Ich danke dem Universum, dass ich ihn nie außerhalb der Datingseite getroffen habe. Das Göttliche schickte mir erneut einen Menschen, um mir zu zeigen, dass auch er nicht der richtige Partner für mich ist.

Habt ihr schon einmal von einem Strap-on-Gürtel gehört? Nein? Oh, ich auch nicht. Zumindest bis zu dem Moment, als ich einen sehr jungen Mann – und ich meine wirklich sehr jung – virtuell kennenlernte. Die Betonung liegt auf »sehr jung«, denn es stellte sich heraus, dass er nicht 31 Jahre alt war, sondern gerade mal 22 Jahre alt. Nun, seine Vorstellung war es, dass eine Frau ihn anal penetriert, mithilfe eines Dildogürtels, den die Frau sich umschnallen kann. Er betonte dabei immer wieder, dass er nicht schwul sei. Er hatte bereits anale Stimulation mit seiner Ex-Freundin erlebt und fand es sehr angenehm. Allerdings beschränkte sich die Stimulation bisher nur auf Finger. Da mein Dating Profil damals eine liebevolle Ausstrahlung hatte, wollte er, dass ich die Erste bin, die ihn auf diese Weise befriedigt.

Anfangs war ich schockiert von dieser Idee, die er erleben wollte. Gleichzeitig fühlte ich mich geehrt, dass er mich für diese Erfahrung ausgewählt hatte – obwohl der Altersunterschied sehr groß war. Er könnte mein Sohn sein. Letztendlich war ich einfach nur sprachlos. Zusätzlich nannte er mich permanent »Meine Herrin«. Ich habe jedoch kein Interesse daran, einen Mann sexuell zu dominieren oder dominiert zu werden. Ich möchte einfach auf Augenhöhe mit ihm sein. Ich habe keine Ahnung, welche Energien ich ausstrahle, um solch‘ einen Mann anzuziehen.

**Scan Me**

# »Mister hat ein Problem mit dem Klospülkasten, sämtliche Hähne sind blockiert«

Wir verbrachten fünf Tage mit intensivem Kennenlernen, sowohl durch Videocalls als auch durch Schreiben. Es gab viele Gemeinsamkeiten zwischen uns und zum ersten Mal handelte es sich um einen älteren Mann, der mit 44 Jahren jedoch jünger aussah und sehr muskulös war. Er hatte ähnliche Erfahrungen wie ich gemacht – er wurde belogen, betrogen und verlassen, genau wie ich. Wir hatten uns für einen Samstag verabredet, um uns in seiner Stadt zu treffen. Doch er hatte die genaue Adresse nicht genannt und wenn ein Mann bis zur letzten Minute zögert, den Ort festzulegen, interpretiere ich das als Zeichen dafür, dass das Treffen nicht stattfinden wird. In der Tat kam es erst einmal zu keinem Treffen. Er rief mich an dem geplanten Tag an. Schon während ich auf meinem Balkon saß und die Sonne genoss, fuhr das Kennzeichen 2407 (eine göttliche Erinnerung von meinen Dualseelenpartner) an meinem Balkon vorbei. Er erzählte mir, dass er ein Problem mit seiner Klospülung habe. Ein Monteur, der zufälligerweise der Bruder seines Vermieters ist, sollte es beheben. Komischerweise kam es oft vor, dass Treffen mit Männern, die mir gefallen haben, nicht zustande kamen, oder deutlich verzögert wurden. Dieses Mal war ich schlauer und vertraute auf mein Bauchgefühl. Das Göttliche schickte mir immer das Zeichen 2407, wenn ein Date anstand.

Obwohl das Treffen nicht zustande kam, schrieben und telefonierten wir täglich miteinander. Eine Woche später trafen wir uns endlich zum ersten Mal. Ich war jedoch überrascht. Ich konnte seine Stimme nicht mit seinem Aussehen in Einklang bringen, obwohl ich so oft mit ihm über Facetime telefoniert hatte. Es passte nicht zusammen. Ich wusste, dass er rauchte, und obwohl ich meine Meinung zur Zahnhygiene geäußert hatte, war ich von seinem Mund und den Zähnen leider nicht positiv beeindruckt. Am Ende des Treffens überraschte er mich mit einem Kuss, aber ich spürte sofort, dass unsere Küsse nicht zueinander passten. Ich dachte, wenn ich

der Situation eine weitere Chance geben und meine Ansprüche in dieser Hinsicht reduzieren würde, könnte es klappen. Der zweite Kussversuch klappte dann besser. Irgendwann kamen wir uns auch deutlich näher. Irgendwie hatten wir zwei unterschiedliche sexuelle Energien, die leider zu keinem Schlüssel-Schloss-Prinzip führten. Letztendlich gab es mehrere Faktoren, die mich in der Kennenlernphase abgestoßen haben. Von Anfang an sprach er nur über seine Ex-Freundin, mit der er eine Dualseelenverbindung hatte. Diese Verbindung dauerte bereits 18 Jahre an, immer wieder ein ständiges on und off. Ich zeigte Verständnis und erklärte ihm, was eine Dualseelenverbindung bedeutet. Ich verstand, dass unsere Begegnung wahrscheinlich deshalb stattgefunden hat. Doch er sprach auch unaufhörlich über Analverkehr, obwohl ich ihm mehrmals klargemacht hatte, dass ich daran kein Interesse habe. Dies war der Moment, in dem meine Sehnsucht nach Dates und Beziehungen endgültig gestillt war.

# Appell an die göttlich Männlichen von der göttlich Weiblichen

Liebe Männer, unabhängig von eurer Herkunft, eurem Glauben oder eurer Spiritualität, bitte erinnert euch daran, dass Frauen, insbesondere alleinerziehende Mütter oder solche mit besonderen Herausforderungen, wie z.B. ein Kind, mit einem Handicap, keine Beute für euch sind. Wir, zumindest hoffe ich, die Mehrheit von uns, sind nicht bedürftig oder verzweifelt. Ich selbst gehöre nicht zu den Bedürftigen. Ich bin bereit, lieber alleine zu bleiben, als mich auf einem Mann einzulassen, der mich an vergangene Erfahrungen erinnert – an jene, die mich schlecht und respektlos behandelt oder gar beleidigt und belästigt haben.

Manche von euch behaupten, gläubig oder spirituell zu sein und haben vielleicht Schwestern, Töchter oder Mütter. Stellt euch vor, eure Schwester würde jemanden wie euch kennenlernen, der sie schlecht behandelt, wie ihr es getan habt oder immer noch tut. Was würdet ihr als schützender Bruder von diesem Mann denken?

Ich verstehe, dass viele von euch ihr Ego füttern müssen, indem sie möglichst viele erobern. Doch am Ende des Tages, wenn ihr mit 60, 70 oder 80 Jahren aufwacht, werdet ihr vielleicht allein sein, in einem Seniorenheim sitzen oder auf einer Parkbank, während die Frau, die euch wirklich lieben wollte und euch in eurer spirituellen Entwicklung unterstützen wollte, wegen eurer Kurzlebigkeit gegangen ist. Was habt ihr davon? Und dass nur für ein flüchtiges Abenteuer? Hat es sich gelohnt?

Die meisten von euch werden es schwer haben, eine Frau zu finden, die sich euch gegenüber verletzlich zeigt, sich loyal verhält, die Vertrauen schenken will und die bereit ist, euch bedingungslos zu akzeptieren und zu lieben.

Erst mit einer Frau intim zu werden und dann plötzlich zu erkennen, dass ihr nichts Ernstes wollt, ist reine Selbsttäuschung. An dieser Stelle möchte ich all jene meiner Dating-Kandidaten loben, die mir spätestens beim ersten Treffen ehrlich mitteilten, dass sie nur nach Unverbindlichem suchten. Ihr hattet den Mut, eure Absichten klar zu kommunizieren – darauf bin ich stolz. Ich konnte dann selbst entscheiden, ob ich mich darauf einlassen möchte oder nicht.

Kommunikation ist das A und O. Doch Kommunikation funktioniert nur, wenn euer Gegenüber bereits ein Maß an Verständnis mitbringt. Fehlt dieses Verständnis, herrscht stilles Chaos. Eure Ängste werden euch verfolgen, bis ihr bereit seid, sie anzuschauen, zu verstehen und zu verarbeiten, um sie schließlich aufzulösen. Es gibt kein Entkommen – ich spreche aus eigener Erfahrung, ich habe den Weg der dunklen Nacht der Seele selbst durchlaufen. Je mehr ihr sie unterdrückt, desto stärker kehren sie zu euch zurück – unverhofft, wie ein göttlicher Bratpfannenschlag mitten ins Gesicht.

Jeder Mensch, der uns im Leben begegnet, verändert uns auf zwei Arten: indem er oder sie kommt und indem er oder sie geht. Deshalb seid achtsam und liebevoll miteinander, selbst wenn die Dinge am Ende nicht passen sollten. Horcht in euch hinein und erkundet eure wahren Intentionen mit dieser Frau. An dieser Stelle fällt mir ein Sprichwort ein.

> *»Wathinta abafazi, wathinta imbokodo«*
> *(afrikanisches Sprichwort).*

Übersetzt heißt es »Wenn du eine Frau triffst, triffst du einen Felsen«. Dieses Sprichwort drückt die Stärke der Frauen aus und zeigt auf, dass Frauen das Rückgrat jeder Gesellschaft sind. Nun stell dir vor, was für ein Rückgrat die Single-Mum hat, die DU hintergangen hast?

So einfach sind wir Mütter nicht zu brechen.

# Resümee und meine Bitte an euch Single-Mums und Daddys

Ich kann nur aus meiner eigenen Perspektive sprechen, aber vielleicht geht es euch ähnlich. Wenn ich mit einem Unbekannten gematcht habe und er mich wirklich beeindruckt hat, dann war ich loyal in der Kennenlernphase. Das bedeutet, ich habe nicht mit anderen Männern geschrieben. Im Gegenteil, ich habe mich höflich für ihre Nachrichten bedankt und erklärt, dass ich bereits jemanden kennenlerne, der mir gefällt. Diese Situation hat sogar einmal ein Dating Partner live mitbekommen, dass ich vor seinen Augen auf Nachrichten geantwortet habe und dann haben wir gemeinsam die Dating-App gelöscht, weil wir es miteinander versuchen wollten. Er sagte: »Tess ich kenne keine Frau, die auch noch sich höflich virtuell von ihren Matches verabschiedet und die App löscht. Du bist einmalig«.

Leider hat es dennoch zwischen ihm und mir nicht sein sollen.

Ich habe nie verlangt, dass der Mann dasselbe tut, aber ich habe es mir gewünscht. Viele sprechen über Loyalität, können sie aber selbst nicht einhalten. Das ist bedauerlich. Wie kann ich jemanden wirklich kennenlernen, wenn ich gleichzeitig mit fünf anderen Männern in Kontakt stehe? Ich finde so etwas nur anstrengend. Fünfmal guten Morgen, wie geht's und gute Nacht schreiben. Ne, dann halte ich mein Fokus auf einen göttlich Männlichen.

Nach all den Erfahrungen, die ich gemacht habe, warum es mit der Liebe bisher nicht geklappt hat, bin ich mittlerweile überzeugt: Viele von uns werden sowohl ihre Berufung als auch die Liebe ihres Lebens finden. Andere werden vielleicht die Liebe ihres Lebens finden, aber beruflich nicht in vollster Zufriedenheit leben. Wieder andere könnten ihre Berufung ausleben, aber die große Liebe vielleicht nicht mehr in diesem Leben finden. Wer weiß das schon.

Ich kann verstehen, wenn ihr denkt, dass ich einfach Gründe gesucht habe, warum es nicht passt. Aber das ist es nicht. Ich wollte einfach einen normalen Mann kennenlernen, bei dem alles sich natürlich anfühlt. Ist das zu viel verlangt? Keine »Fuckboys«, Psychopathen, Soziopathen, Narzissten oder Bedürftige.

Liebe hat viele Facetten. Sie zeigt sich nicht nur im körperlichen Ausdruck, sondern in jeglicher Form von Zuneigung, Wertschätzung, Respekt, Demut und Dankbarkeit. Wir sollten uns selbst und andere bedingungslos annehmen. Dankbar sein, einen Menschen an unserer Seite zu haben, der uns hilft, unsere beste Version zu werden. Mein Partner soll zugleich mein bester Freund und mein Seelenverwandter sein.

Selbstwert, Selbstliebe und Bedürftigkeit sind wichtige Themen. Einige von uns werden sie vielleicht nie angehen oder heilen können, weil sie den Schmerz der Vergangenheit nicht noch einmal spüren wollen. Aber diese negativen Gefühle und Gedanken werden nicht verschwinden, sie werden nur unterdrückt und verdrängt.

Letztendlich können wir niemanden dazu zwingen, uns zu lieben, uns anzunehmen wie wir sind und Geduld mit uns zu haben. Jeder von uns hat Traumata erlebt und daher ist es unabdingbar ein Maß an Verständnis in die potentielle Verbindung zu bringen, um zu verstehen, warum mein Gegenüber sich so und nicht anders verhält. Das gilt für Männer und Frauen gleichermaßen. Manches ist einfach nicht bestimmt. Viele führen uns in die Irre, um ihre eigenen Ziele zu erreichen. Bei manchen erkennen wir die Illusion früher oder später und der Schleier fällt, auf die eine oder andere Weise. Seelische Wunden heilen mit der Zeit, aber je nach Trauma verbleiben vielleicht Narben, die uns an ein bestimmtes Gefühl mit einer bestimmten Person und Situation erinnern.

Vieles ergibt im ersten Moment keinen Sinn, aber ich bin überzeugt, dass alles einen Grund hat. Egal, wie viel Leid, Schmerz, Verzicht und Verletzungen auf unserem Weg liegen, Gottes Plan ist das einzige Wahre für uns und für diejenigen, die nicht gläubig sind, vielleicht etwas Übernatürliches. Es gibt keine Zufälle, sondern es fällt dir zu, was fällig ist – auch Schicksal genannt.

Selbst, wenn du nicht an das Göttliche glaubst, gibt es Dinge, die du mit deinem Verstand nicht erklären kannst. Etwas, das zwischen Himmel und Erde existiert, aber nicht greifbar ist. Das Göttliche kennt keine Raum- oder Zeitgrenzen. Eines ist sicher: Je mehr du dich negativen Gefühlen und Gedanken widmest, desto mehr ziehst du das Negative an. Das ist das Gesetz der Resonanz, der Anziehungskraft. Wir sind alle miteinander verbunden. Was passiert mit einem glücklichen Menschen in einem Raum voller negativer Menschen? Seine Stimmung sinkt. Das zeigt, dass unsere Energien miteinander verbunden sind – die Vibes, von denen so oft die Rede ist.

Vielleicht bist du die einzige Single-Mum oder der einzige Single Dad in deinem Freundeskreis. Dann weißt du, wovon ich spreche. Vielleicht hat dein Kind sogar eine chronische Autoimmunkrankheit, wie mein Kind. Da ich aus der Sicht einer Frau und ihren Erfahrungen spreche, gaben mir Männer oft das Gefühl, als Single-Mum ein Wildfang zu sein, mit dem sie machen können, was sie wollen. Für eine gewisse Zeit war das sogar der Fall. Doch je mehr ich an mir gearbeitet habe, desto mehr habe ich solche Männer angezogen. Nun ja, das Licht zieht eben auch die Motten an... lach – kleiner Scherz am Rande. Du weißt schon, wie ich das meine. Daher lasst uns nach dem unten genannten Sprichwort miteinander umgehen.

> *»Umuntu ngumuntu ngabantu«*
> *(afrikanisches Sprichwort).*

Dieses Sprichwort möchte ich dir näherbringen, denn es hat für mich und ich hoffe auch für dich eine tiefgehende Bedeutung. Das bedeutet: »Ich bin ein Mensch, weil du ein Mensch bist«. Daher lasst uns Menschlichkeit verbreiten und uns mit Liebe und Respekt begegnen. Keiner von uns ist perfekt und darum geht es auch nicht. Egal was passiert, so sollten wir uns immer dem Gegenüber mit einem Mindestmaß an Respekt und Anstand begegnen. Lass das mal fünf Minuten auf dich wirken und schreibe dir gerne ein paar Gedanken auf, die dir in den Sinn kommen.

# Dating-Möglichkeiten für Elternteile und die Suche nach Perfektion in Beziehungen

Es wäre tatsächlich wunderbar, wenn es Dating-Möglichkeiten gäbe, die speziell auf Elternteile zugeschnitten sind und das Kennenlernen erleichtern. Babysitter für die Kinder, Speed Dating-Termine tagsüber – all das könnte das Dating-Erlebnis für Menschen wie dich und mich verbessern.

Unser Gehirn tendiert dazu, mehr darüber zu grübeln, was wir getan haben, anstatt uns an die Erfahrungen zu erfreuen, die wir gemacht haben. Wir sollten nichts davon bereuen. Ganz im Gegenteil. Als Menschen sind wir Reisende, Suchende. Aber wonach suchen wir wirklich? Was streben wir an? Was ist die perfekte Beziehung? Wir sind die Regisseure unserer eigenen Lebensgeschichte, die sich hoffentlich eines

Tages so anhört: »And the Oscar goes to...« Schon jetzt sind wir perfekt in uns selbst. In jedem Moment sind wir die beste Version von uns. Eine Partnerschaft sollte uns lediglich dabei helfen, noch mehr unser volles Potential auszuschöpfen und das bereits vorhandene Glück miteinander zu teilen.

Wenn du noch nicht an dem Punkt angekommen bist, an dem du dich im Spiegel betrachten und sagen kannst: »Hey, ich mag mich, aber da ist noch Raum für Wachstum«, dann tue es. Verändere dich und dadurch verändert sich deine äußere Welt. Du bist kein Baum, der an einen Ort verwurzelt ist. Die Energien ändern sich mit dir, ob du willst oder nicht. Du wirst gelassener, ruhiger und du findest inneren Frieden. Durch deine Veränderung werden dich vielleicht manche nicht mehr akzeptieren oder du wirst den Kontakt zu einigen Menschen abbrechen, weil es nicht mehr passt. Mir hat eine Freundin mal gesagt, dass mein Wesen sich verändert habe und sie damit Probleme habe. Nun der Kontakt brach dann auch ab, aber drei Jahre später führte das Göttliche unsere Wege wieder zusammen und wir konnten uns aussprechen. Aus heutiger Sicht hat sie mehr Verständnis für mich als damals und sie lernte, dass ich viel Zeit für mich brauche und mich nicht jedes Wochenende mit ihr verabreden möchte. Friedliche Rückzüge sind so wertvoll und wichtig für unseren Seelenwachstum. Ganz egal, ob als Single, in einer bereits bestehenden Partnerschaft oder innerhalb einer Freundschaft. Die richtigen Menschen in deinem Umfeld, werden es verstehen und Rücksicht darauf nehmen.

Schlussendlich gibt es in uns Kräfte, die erkundet und gelebt werden möchten. Diese Kräfte Jahrelang zu unterdrücken aufgrund von Erziehung, Sozialisation, falschen Glaubenssätzen, Religion und äußeren Einflüssen macht uns zu Gefangenen unserer eigenen Seele. Sigmund Freud sagte, dass wir anfangen sollten, uns selbst zu verstehen, um unsere unbewussten Neigungen aufzudecken. Die Unterdrückung dieser Kräfte, insbesondere in Bezug auf sexuelle Bedürfnisse und

Wünsche, kann zu Missverständnissen und Diskrepanzen zwischen den Geschlechtern führen. Warum ist es tabu, dass Frauen offen darüber sprechen, was sie im Bett wollen, wie sie berührt werden möchten oder wenn Schmerzen ihre Lust mindern?

Die Kommunikation über solche Themen ist wichtig, um Verständnis und Respekt in Beziehungen zu fördern. Jeder hat individuelle Vorlieben und Bedürfnisse, die erkannt und respektiert werden sollten. Offenheit, Empathie und gemeinsames Wachstum sind der Schlüssel zu erfüllenden Beziehungen. Gib nicht direkt auf, nur weil es sich schwer anfühlt. Lerne aber auch liebevolle Grenzen zu setzen, wenn es nötig ist.

Viele Menschen scheinen heutzutage abgestumpft zu sein und unfähig, eine nährende, intime und gesunde Liebesbeziehung auf Augenhöhe einzugehen. Verlustängste und das Gefühl der Unzulänglichkeit haben sich in den letzten Jahrzehnten so stark in unser Bewusstsein eingegraben, dass Selbstsabotage häufig die Folge ist. Ich selbst habe diese Muster über Jahre hinweg praktiziert, mal bewusst, mal unbewusst. Oftmals resultiert nicht die Angst aus unserem Inneren, sondern vielmehr die pure Wut auf uns selbst, unsere Kindheit und unsere Eltern. Diese Wut entsteht aus der Loyalität, die wir unseren Eltern gegenüber empfinden, weil wir gelernt haben, sie zu lieben und respektvoll zu sein. Wie oft hast du deinen Mund gehalten um des Friedenwillen? Du hast das Gefühl runtergeschluckt und nichts gesagt, damit deine Eltern nicht sauer werden oder deine Freunde oder auf der Arbeit. Irgendwann staut sich eine unfassbare Wut auf, die nicht mehr aufhaltbar ist. Glaub mir ich kenne das zu gut und musste mir oft in der Vergangenheit anhören, ich sei zu emotional.

Wie gesagt, die meisten Menschen teilen ihre belastenden Gedanken und Gefühle nicht mit. Es ist von großer Bedeutung, die Muster, die sich über Generationen in unserer Ahnenreihe entwickelt haben (Großeltern, Ur-Großeltern,

Ur-Ur-Großeltern usw.), zu durchbrechen. Ich weiß, dass dies leichter gesagt als getan ist, aber wenn wir unseren Kindern ein besseres und glücklicheres Leben wünschen, einschließlich gesunder Partnerschaften, dann liegt es in unserer Verantwortung, ihnen genau das vorzuleben. Unsere Kinder sollten lernen auf ihr Bauchgefühl und Intuition zu hören und sich zu trauen, respektvoll ihre Meinung zu sagen. Setze dich selbst an die erste Stelle, kümmere dich gut um dich selbst, ohne Egoanhaftungen, damit du im nächsten Schritt gut für deine Kinder sorgen kannst und gestärkt bleibst. Dies ist der Grundgedanke von Selbstfürsorge: für sich selbst zu sorgen. Dies ermöglicht es dir, alte Glaubenssätze zu überwinden und neue positive Affirmationen zu entwickeln, weil Glücklichsein dein Geburtsrecht ist. Dies erfordert Selbstwahrnehmung und ja, es kann durchaus beängstigend sein, wenn man erkennt, wie man sich Jahrelang benutzen ließ, um anderen zu gefallen, Liebe und Anerkennung zu erhalten, oder um keine Disharmonie zu verursachen. Sei einfach authentisch und loyal dir selbst gegenüber, denn die erste und längste Beziehung, die du jemals führen wirst, ist die Beziehung mit dir selbst. Wenn du dich selbst verachtest, hasst und ablehnst und dich durch Ablenkungen im Außen betäubst, um den Schmerz nicht zu spüren, wie kannst du erwarten, dass ein anderer dich respektiert und liebt? Von Frau zu Frau, von Mutter zu Mutter – und ich weiß, dass unser Gepäck nicht leicht ist – sage ich dir ganz ehrlich: sei keine Frau, die er aus Langeweile anschreiben kann und dir dann Hoffnungen macht. Als du ihn wolltest, hatte er keine Zeit und plötzlich fällt ihm ein, dass da noch die Eine ist, die er anschreiben könnte. Wenn er dir mehr Kraft und Energie raubt als gibt, dann lass ihn so schnell wie möglich weiterziehen. Denn auch andere Mütter haben liebevolle Söhne mit guten Manieren und einem goldenen Herzen. Yallah, pack und fahr, aber ganz weit weg. Bitte verzeih den Spaß, aber ich musste es einfügen.

Wenn man mich fragen würde, wie mein Mr. Right sein sollte, wäre meine Antwort, dass er mein bester Freund sein soll – im Grunde so wie ich, nur in männlicher Form. Denn was könnte schöner sein, als Liebe und Freundschaft in einer Person zu finden? Das wäre wirklich der Jackpot. Alle Herausforderungen, die ich in meinen aufgezählten Kapiteln beschrieben habe, sollten in meinem zukünftigen Partner das Gegenteil darstellen. Ich bin eine Alpha-Frau und wünsche mir einen Alpha-Mann. Meine Reise des spirituellen Erwachens und der Selbstentwicklung wurde durch die vielen Erfahrungen, sowohl mit als auch ohne Dates, äußerst heilsam. Ich erkenne, dass ich noch nicht am Ende meiner Reise angekommen bin, aber das Leben ist eben ein ständiger Lernprozess. Wir hören nie auf zu lernen, bis zu unserem letzten Atemzug.

Es besteht die Gefahr, sich selbst zu verlieren, wenn man versucht, den Menschen zu retten, den wir lieben. Man sagt, dass die Augen der Spiegel unserer Seele sind. Daher schaue tief in die Augen deines Gegenübers. Was fühlst du dabei? Ist es angenehm? Fühlt es sich vertraut an, als würdet ihr euch seit Ewigkeiten kennen?

Ich bin nicht mehr die Frau, die ich einst war und dafür bin ich sehr dankbar. Ich danke jedem Mann, der mir durch Erfahrungen und Erlebnisse, sei es durch Dates oder andere Begegnungen, meine Verletzungen aus der Vergangenheit und sogar vergangenen Leben aufgezeigt hat. Ich weiß, dass es keine angenehme Rolle war, all diese Schattenaspekte aufzudecken und zu reflektieren, aber es war notwendig und wichtig. Ich danke jedem Einzelnen von euch, meinem karmischen Seelenpartner (Ex-Mann), der mir am Ende unser wundervolles Kind geschenkt hat – auch wenn er mir nach wie vor den Tod wünscht. Lass mich dir sagen, ich habe dir, mir selbst und somit uns beiden vergeben. Ich hoffe, dass auch du eines Tages dir selbst vergeben kannst für all das Chaos, den Energieverlust und die Kosten, die durch unsere Gerichtsverhandlungen entstanden sind. Leider hast du mehr verloren als gewonnen.

Die Verbindung zwischen mir und meinem zukünftigen Seelenmenschen soll ein heiliger Gral sein. Nun fragst du dich vielleicht, was genau das ist. Der heilige Gral ist eine Symbiose, in der irdische und himmlische Glückseligkeit miteinander verschmelzen. Für mich repräsentiert er die bedingungslose Liebe. Diese Liebe ist für mich die vollkommene Berührung der Seelen, die in einer Verschmelzung mündet, bei der sich diese beiden Seelen bereits gegenseitig veredeln. Das ist für mich pure Magie.

> *»Lerne alleine glücklich zu werden,*
> *denn dann ist dein(e) PartnerIn eine Wahl*
> *und keine Option.«*

# Danksagung an das göttliche Universum

Mein erster Dank gilt Gott, Jesus Christus und meinen Schutzengeln, die stets über mich gewacht haben und es immer noch tun. Ihr habt mich aufgeweckt und mich zurück auf meinen rechten Seelenpfad geführt. Durch das Göttliche bin ich innerlich gewachsen und habe niemals den Mut verloren. Ich habe gelernt, Verantwortung für mich und meine Handlungen zu übernehmen. Das Universum hat mir immer wieder dieselben Prüfungen geschickt, um mein volles Potenzial zu entfalten, um die beste Version meiner selbst zu werden. An dieser Stelle danke ich dem Universum.

Ich bin aus meiner Bedürftigkeit herausgekommen, habe meine Lebenshaltung und meine Sicht auf Liebe gefunden. Das, was ich für göttlich halte, habe ich verinnerlicht, verarbeitet und erkannt, dass Gott nicht über meine begangenen Sünden urteilt. Wenn wir seit unserer Kindheit gelehrt bekommen haben, dass Gott uns einen freien Willen gegeben hat, wie könnte Gott dann unsere Entscheidungen und unseren freien Willen verurteilen und uns sogar in die Hölle schicken – ins vermeintliche Fegefeuer? Nein, an einen solchen Gott möchte ich nicht glauben. Das wäre ein Widerspruch. Natürlich habe ich meinen Selbstwert erkannt und bin achtsamer geworden. Ich werde meinen Körper nicht mehr für flüchtige Augenblicke der Freude opfern, in der Hoffnung, dass es diesmal mit dem neuen Mann funktioniert. Finanzielle und materielle Sicherheit haben mich nie wirklich interessiert. Glücklicherweise kann ich mir diese Sicherheit und noch viel mehr selbst geben. Aber ein Mann mit Herz und Verstand ist immer willkommen. Mach dir keine Sorgen, ich habe nicht vor, jemanden von euch, der nicht gläubig ist, zu bekehren. Jeder kann glauben, was er oder sie möchte, oder auch nicht glauben. Für all jene, die meinen Glauben teilen, verstehen, was ich meine. Denn letztendlich habe ich durch die Selbstliebe gelernt, mich selbst und mein Gegenüber bedingungslos anzunehmen, in jedem Lebensbereich, weil ich mich selbst an die erste Stelle gesetzt habe, ohne Ego-Anhaftungen.

Wenn du spürst, dass ein Mensch oder eine Situation keine negativen Gefühle oder Gedanken mehr auslöst, dann erkennst du, dass du damit abgeschlossen hast. Nicht auf negative Weise, sondern neutral und du kannst sogar demjenigen alles Gute wünschen. Dann ist auch dieses Kapitel in Frieden beendet und euer seelischer Vertrag aufgelöst. Wenn du anfängst, innerlich aufzuräumen und Vertrauen in Gott entwickelst, ordnet sich auch im Äußeren vieles neu. Ich bin der wichtigste Mensch in meinem Leben geworden. Ich habe gelernt, gut für mich zu sorgen (Selbstfürsorge). Wenn das geschafft ist, kann ich auch für mein Kind, meine restliche Familie, Freunde und auch in meinem Beruf gut sorgen und eine gute Beraterin sein. Ich habe meine Berufung gefunden und fühle mich angekommen. Ja, die wahre Liebe bist letztendlich DU selbst.

Daher sorge gut für dich und gehe achtsam deinen Weg. Auch die stärksten Menschen dürfen schwach sein, weinen und Zweifel haben, aber dieser Zustand sollte nicht ewig andauern und vor allem sollte deine Stimmung nicht von anderen abhängig sein. Lerne dich aus toxischen Verbindungen zu befreien und halte Abstand davon.

Mir half die Meditation, das Gespräch mit Gott und die vielen Zeichen im Außen, die das göttliche Universum mir täglich sandte – natürlich auch die Entstehung dieses Buches. Gott oder das Universum kommunizieren auf vielfältige Weisen mit uns, sei es im Alltag oder sogar im Traumzustand. Sychronizitäten, sich wiederholende Zahlen, Tiere – auch als Krafttiere bezeichnet – die uns immer wieder begegnen, sowie wohlwollende Menschen, die unser Wachstum fördern, fungieren gewissermaßen als Erdenengel, die Gott zu uns gesandt hat. All diese Zeichen haben ihre eigene Bedeutung und möchten uns etwas mitteilen. Zum Beispiel: Warum sagen wir »Du fleißiges Bienchen«? Ganz einfach, weil wir viel arbeiten und durch unseren Fleiß herausstechen. Bienen arbeiten von ihrem ersten Tag an bis zu ihrem letzten Atemzug. Es gibt Sommer- und Winterbienen. Daher nutzen wir die Redewendung »Du fleißiges Bienchen«. Wenn dir dieser Satz begegnet, dann sei dir bewusst, dass du möglicherweise übermäßig viel tust und das Universum durch andere Menschen dich daran erinnern möchte, etwas zu entschleunigen und Pausen einzulegen.

Ein weiteres Beispiel: Der Hund als bester Freund des Menschen. Hier liegt die Bedeutung darin, dass du dir selbst der/die beste Freund/Freundin sein sollst, der/die du sein kannst. Bleibe dir und deinen Prinzipien treu und lasse dich nicht aus Bedürftigkeit oder aus der Not heraus zu etwas überreden, das nicht deinem Herzenswunsch entspricht. Dieses Prinzip gilt ebenso in der Numerologie und der Farbenlehre. Die sogenannten Engelszahlen oder bestimmte Zahlen bzw. Zahlenkombinationen, die dir auf Rechnungen, Autokennzeichen, Telefonnummern, Hausnummern, Werbung, Filmen usw. begegnen, möchten dir ebenfalls etwas mitteilen. Wenn du dich damit beschäftigst, wirst du überrascht sein, welche tiefgreifenden Botschaften du durch diese Engelszahlen erhalten kannst. Dabei ist es wichtig, auf dein Bauchgefühl zu achten und zu lernen, wann ein Zeichen vom Universum kommt und wann es sich um eine Illusion handelt – Übung macht hier den Meister.

Für mich sind die Engelszahlen 47 und 11 von Bedeutung. 47 steht für Herzvertrauen und 11 repräsentiert die eigene Meisterschaft bei der Bewältigung unserer Lernaufgaben. Zusammen ergibt sich die Zahl 4711. Dabei hat es nichts mit dem »Echt Kölnisch Wasser« zu tun.

In der Farbenlehre hat jede Farbe ihre eigene Bedeutung. Gold steht für die Fülle, Grün für die Heilung, Rot für die Liebe, Rosa für die Selbstliebe usw.

> *»Das habe ich noch nie vorher versucht, also bin ich völlig sicher, dass ich es schaffe«*
> *(Pippi Langstrumpf).*

Dieses Zitat wende ich oft in meinem privaten und beruflichen Alltag an. Warum im Voraus aufgeben, wenn du deiner Herausforderung noch nicht einmal die Chance gegeben hast?

Also, falls dein bisheriger Weg nicht positiv verlief, könnte es sich lohnen, es einmal auf meine Art und Weise zu versuchen. Was hast du schon zu verlieren? Schlimmer kann es kaum werden, denn...

> *»Was im Leben zählt, ist nicht, dass wir gelebt haben, sondern, wie wir das Leben von anderen verändern«*
> *(Nelson Mandela).*

Mit diesem Zitat möchte ich dir sagen, auch wenn ich dich nicht kenne, so hoffe ich, dass ich anhand meiner Geschichte, dich dazu inspiriere, mutig und stark deinen eigenen Seelenweg zu gehen, egal wie viel Gegenwind du bekommst. Lass den Wind für dich arbeiten und genieße die frische Brise, indem du die Herausforderungen dankend annimmst, um innerlich zu wachsen.

Ein lateinisches Sprichwort besagt:

> *»E pluribus unum«,*
> *d.h., aus Vielen eins zu machen.*

Dieses Sprichwort beziehe ich auch auf die Liebe, denn die Liebe lehrte mich eines. Ich möchte und werde immer daran arbeiten mit der Liebesenergie auf meine Lebensumstände und Menschen zu reagieren. D.h. nicht, dass ich mir alles gefallen lasse.

Nein, d.h., dass ich liebevolle Grenzen setze, da wo es von mir abverlangt wird. Demjenigen zu vergeben (der Situation und mir), alles Gute zu wünschen, mich umzudrehen und meinen eigenen Weg weitergehen.

Ich will dich wachrütteln, wenn ich darf und dich an deine eigene innere Liebe erinnern. Erinnere dich an deine Träume und Wünsche aus deiner Kindheit.

Was wolltest du werden, wer wolltest du mal später werden? Nun ist die Zeit gekommen die Ärmel hochzukrempeln und Schritt für Schritt vorwärts zu gehen.

Verkaufe dich niemals unter deinem Wert und lass dich auch nicht für dumm verkaufen. Wenn dir eine Situation oder Mensch suspekt erscheinen dein Bauchgefühl und Intuition es dir bereits mitteilen, dann bitte rede es dir nicht schön, sondern sei realistisch. Du bist der Regisseur deines Lebens und somit auch deiner Liebesgeschichte. Gibt nicht die Federführung an einen Menschen ab, der dich nicht respektiert und dich wie eine Option von Vielen behandelt. Du bist die Priorität. Lies das zweimal!!!

Mach das, was dich glücklich macht, denn selbst wenn du wieder mal Single sein solltest, so hast du dein Glück nicht verloren und du kannst dein Glücklichsein weiterhin ausleben. Yallah pack und fahr in Richtung Glück, Licht und Liebe. So meine Lieben, nun sind wir am Ende meiner Geschichte angelangt und ich hoffe, dass ich dich zwischendurch zum Schmunzeln gebracht habe, zum Nachdenken oder gar, dass du ein paar Erkenntnisse erlangt hast. Du bist nicht alleine.

Danke, dass du es geschafft hast bis zum Ende durchzuhalten. Ich habe folgendes festgestellt: Das ich alles lernte, aber niemanden kennen. That's the point!!!

Liebes Universum, ich bin dann mal bereit für meine Zwillingsseele!

**Scan Me**

# Danksagung an mein Löwenherz

An meinen Dualseelenpartner (ehemals bester Freund), mein Löwenherz. Du kamst wie eine unerwartete Explosion in mein Leben – voller Liebe. Doch du hast mich belogen, betrogen, mit mir gespielt und mich verlassen. Es hat einige Jahre gedauert, den Prozess der Dualseelenpartnerschaft zu verstehen, zu verarbeiten und meine Wunden zu heilen. Depressionen, die mit mentalen, emotionalen und physischen Schmerzen einhergingen, zu überwinden. Man sagt, es gibt zwei Arten von Schmerz: der eine verursacht physische Schmerzen, der andere verändert dich. Ich habe beide nacheinander kennengelernt und mich auf brutale Weise wiedergefunden. Mein wahres, authentisches ICH. Ich habe gelernt, wie ich lieben und geliebt werden möchte, habe meine Stärken und Schwächen akzeptiert (Selbstakzeptanz). Das erfordert Mut und Vertrauen in uns selbst, was nur Wenigen von uns gegeben ist. Doch ohne dich wäre ich niemals zur Selbstliebe gelangt und ich hätte meinen Wert nicht erkannt.

Alles schien damals perfekt mit dir. Licht und Schatten verschmolzen. Gegensätze, die doch eins wurden. Telepathie, Anziehung und Verschmelzung auf allen Ebenen – Körper, Geist und Seele.

Der Prozess der Dualseelenpartnerschaft dient vor allem dazu, zur eigenen Selbstliebe zu finden. Wenn beide Partner an sich arbeiten und ihrer Seelenliebe eine Chance geben wollen, kann diese Partnerschaft durchaus funktionieren. Aber wenn einer ständig davonläuft und der andere ihm hinterherrennt, ist das zum Scheitern verurteilt – so wie bei uns.

Er war der »Gefühlsklärer« oder »Runer« (jemand, der seine Gefühle klären muss, anstatt sich ihnen hinzugeben) in der spirituellen Szene und ich war die »Loslasserin« (oft laufen Frauen dem Mann hinterher und überhäufen ihn mit Liebe – wir ersticken den Mann regelrecht auf diese Weise, weil wir ihn abgöttisch lieben und nicht verlassen werden wollen – dadurch lassen wir uns auch zu oft schlecht behandeln). Ich bin ihm wie ein Hund hinterhergerannt, um zu beweisen, dass ich liebenswert bin und alles für ihn gegeben hätte. Ich hätte dich so gerne noch einmal gesehen, um dir persönlich dafür zu danken. Klar, wir hatten alle paar Monate mal Kontakt, aber das hielt nie lange an. Die vielen Male, in denen wir uns treffen wollten, sind letztlich nie zustande gekommen. Ich werde dich immer auf eine besondere Löwen Art lieben und du wirst immer einen Platz in meinem Herzen haben – besser gesagt, in meinen Erinnerungen. Du weißt, was ich meine, du Löwenherz. Ich weiß nicht, ob du diese Zeilen jemals lesen wirst, aber wenn doch, wirst du innerlich schmunzeln und dich in einem friedvollen Gefühl daran erinnern. Mein Löwenherz, in den ersten paar Jahren des Prozesses habe ich deine Präsenz stark gespürt. Je mehr ich an mir gearbeitet habe, desto mehr konnte ich dich energetisch loslassen. Mal mehr, mal weniger. Und jetzt ist es in Ordnung, so wie es ist. Jeder hat sein eigenes Tempo des Wachsens und ich habe nicht das Recht, dein Tempo zu beeinflussen oder zu manipulieren. Danke für dein Sein. Danke, dass du die schwierige Rolle übernommen hast, mir all die Schattenthemen aufzuzeigen, um mich an meine Selbstliebe zu erinnern – dass ich mehr als gut genug bin.

Ich habe mich damals in deine Seele, dein Herz verliebt – nicht in dein äußeres Erscheinungsbild. Tatsächlich warst du überhaupt nicht der Typ Mann, den ich normalerweise angesprochen hätte. Ich verstehe, dass auch ich in dieser Seelenverbindung meinen Anteil an unschönen Momenten hatte und dir oft deine eigenen Themen gespiegelt habe. In einem Telefonat hast du zugegeben, dass du die falsche Frau gewählt hast und dass, was du erwartet hattest, sich als nicht so erstrebenswert herausstellte. Du hast mir erzählt, dass du dein Leben hassen würdest, immer unzufrieden bist und dass ich die Einzige war, die dich wirklich verstand – die Einzige, mit der du einfach du selbst sein konntest und aus tiefstem Herzen lachen konntest. Mit niemand anderem konntest du so tiefgründige Gespräche führen. Du hast mir auch gesagt, dass du stolz darauf bist, deine aktuelle Freundin, mit der du nun seit über 3 Jahren zusammen bist, nicht betrogen zu haben. Deine Partnerin, die dich seit Ende 2019 begleitet, hat ihre eigene Bedeutung. Sie spiegelt dir deine Themen auf ihre eigene Art und Weise wider. Die Frage ist, wirst du den Mut und die Entschlossenheit finden, deinen Weg der Heilung anzugehen?

Ich wünsche dir Frieden für deine Seele und Heilung, mein Löwenherz. Vielleicht werden wir uns eines Tages wiedersehen, wenn das göttliche Timing es uns ermöglicht. Pass gut auf dich auf.

# Danksagung an die anderen karmischen Seelenpartner

Ich möchte mich auch bei meinen karmischen Seelenpartnern bedanken, darunter auch bei meinem Ex-Mann. Es gibt nicht nur einen Seelenpartner, sondern mehrere, mit denen eine sofortige seelische Verbindung spürbar ist. Man fühlt sich wohl miteinander, versteht sich auf Anhieb, mal mit mehr oder weniger Anziehungskraft. Die Intimität kann genussvoll sein oder einfach ein vertrautes Gefühl vermitteln, ohne zwangsläufig auf körperlicher Ebene zu enden. Manchmal waren es tiefe und bedeutungsvolle Gespräche, die wir miteinander geführt haben.

Die letzten Dates, die ich erlebt habe, hatten oft sozialarbeiterische Hintergründe. Ich habe viele Männer gedatet, die Väter waren, aber aufgrund von Umständen keinen Kontakt zu ihren Kindern hatten. Dadurch ergaben sich viele hilfreiche Gespräche, in denen ich Unterstützung angeboten habe. Einmal Sozialarbeiterin, immer Sozialarbeiterin. Einer dieser Männer wurde sogar an meine großartige Anwältin weitervermittelt. Er hat sich später nochmals bei mir bedankt und wollte mich zum Essen einladen, aber ich habe dankend abgelehnt. Die Aufgabe war erfüllt, und er konnte nun seine eigene Reise fortsetzen. Es gibt nichts Schöneres, als das Gefühl zu haben, jemandem geholfen zu haben, ohne eine Gegenleistung zu erwarten. Die Fülle erreicht mich schönerweise auf vielfältige Arten in meinem Leben.

Entschuldige, ich bin ein wenig vom Thema der Danksagungen abgewichen. Mit den Seelenpartnern teilt man viele Gemeinsamkeiten. In Bezug auf meinen Ex-Mann hat die Trennung, die Diabetes-Diagnose und seine jetzige Partnerin eine Distanz zwischen uns geschaffen – das wars wohl mit unserem Seelenvertrag. Trotz allem hast du mir das schönste Geschenk gemacht: unser gemeinsames Kind. Obwohl du deinen Weg ohne unser Kind gegangen bist, steht dir die Tür als Vater immer offen. Möglicherweise findest du irgendwann den Weg zurück zur Liebe und zum Licht Gottes. Ich bete jeden Tag für dich. Unser Kind ist meine größte Segnung. Ich wünschte mir, du könntest das Aufwachsen miterleben. In vielerlei Hinsicht ähnelt unser Kind dir. Mein Löwenkind, ich liebe dich. Danke, dass ich deine Mutter sein darf.

Vielen Dank auch an all die anderen Seelenpartner, die ihre Seelenverträge mit mir eingegangen sind und die ohne es zu wissen, die Seelenabsprachen erfüllt haben. Manches war schwierig oder frustrierend, aber auch genussvoll. Am Ende waren sie alle, unabhängig von der Dauer des Kontakts, ob virtuell oder persönlich, ob körperlich oder nicht, lehrreich und hilfreich für mein persönliches seelisches Wachstum. Ich hoffe, dass ich bei dem einen oder anderen eine positive Spur hinterlassen habe, die ihn ermutigt, seinen Heilungsweg weiterzugehen. Ich wünsche euch allen das Beste – Seelenfrieden, Bewusstsein und ein gesundes Maß an Selbstliebe, um euren eigenen Wert zu erkennen. Möge euer Weg gesegnet sein.

# Danksagung an meinem Buchcoach und Bestsellerautor Kianimus

Lieber Kianimus, das Göttliche hat unsere Wege schönerweise zusammengeführt, denn meine Gebete wurden erhört. Und zack: Warst du da! Anfangs habe ich echt gezweifelt, aber Du hast mich in den letzten Wochen und Monaten durch die literarischen Phasen meines Buches bis hin zur Veröffentlichung begleitet. Deine liebevolle Kritik, Tipps, Tricks und Inspirationen waren Goldwert. Danke an dieser Stelle für dein Sein. Ich habe mich als Autorin bei dir verstanden und sehr aufgehoben gefühlt. Danke für deine Unterstützung.

# Danksagung an meiner Mutter, Lucia, Christian, Nicole und Kyra Hilbig

Mein Dank gilt an dieser Stelle meiner Mutter und Lucia, die die Zeichnungen im Buch übernommen haben. Ihr beiden habt den Part der Illustrationen dem Inhalt toll wiedergegeben. Danke auch an dich Christian, denn ohne dein technisches Know-how wären die schönen QR-Codes und Verlinkungen nicht umsetzbar gewesen. Auch möchte ich dir, meine liebe Freundin Nicole, die mich seit über 19 Jahren begleitet, für das Korrekturlesen bedanken. Zu guter Letzt möchte ich mich bei dir Kyra bedanken, denn das Buchcover ist einfach der Hammer geworden. Dein Talent geht nicht nur als Tätowiererin unter die Haut, sondern auch aufs Papier. Also, wer sich ein Tattoo stechen lassen will, ist bei Kyra in guten Händen (Big Hill Design siehe Instagram Profil). Lieben Dank dafür.

# Danksagung an meine Leserinnen und Leser

Zu guter Letzt, möchte ich auch dir dafür danken, dass du dir die Zeit genommen hast und bis zum Ende, Seite für Seite, meine Geschichte gelesen hast. Das waren ja auch einige Kapitel gewesen. Falls du deine Geschichte mit mir teilen möchtest, so kannst du dies gerne unter TessLioness4711@gmx.de tun. Bin sehr darauf gespannt, was deine Erfahrungswerte im Dating gewesen sind. Vielleicht übertrumpfst du ja meine Geschichten noch, wer weiß. Ebenso kannst du gerne ein Feedback oder Kritik über mein Buch äußern, da ich gerne dazu lerne und ein aufgeschlossener Mensch bin. Also, bis bald.

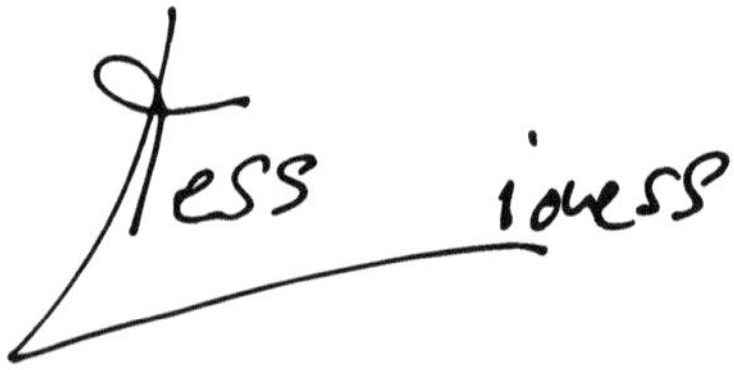

Deine Tess

Für Kritik und Feedback bin ich offen und dankbar. Also keine Bange, schreib mich gerne per Mail an. Ebenso findest du mich auf Instagram und Facebook.

- E-Mail: TessLioness4711@gmx.de
- Instagram: Tess Lioness (Lichtarbeiterin4711)
- Facebook: Tess Lioness

# Glossar

## A

**Affirmationen:** Positive Glaubenssätze, die so formuliert und angewendet werden, als ob der gewünschte Zustand bereits Realität wäre. Zum Beispiel: Statt »Ich wünsche mir einen liebevollen Partner/in« sagt man »Ich danke dafür, dass dieser liebevolle Mensch bereits in meinem Leben ist.«

**Ahnenreihe:** Die Abfolge der Vorfahren in deiner Familiengeschichte, beginnend mit Ur-Großeltern, Ur-Ur-Großeltern und so weiter.

**Anziehungskraft:** Die starke, oft sexuelle Anziehung zwischen zwei Menschen, die dazu führt, dass sie sich zueinander hingezogen fühlen.

## B

**Bedingungslose Liebe**: Eine Liebe ohne Bedingungen, bei der man den anderen Menschen mit all seinen Schwächen, Stärken und Eigenschaften akzeptiert. Dies setzt jedoch voraus, dass man sich zuerst selbst lieben kann.

**Bedürftigkeit:** Ein unerfülltes Verlangen nach einer bestimmten Situation oder Person im Außen, das oft aus dem Gefühl entsteht, dass man ohne diese Situation oder Person nicht glücklich sein kann.

**Berufung:** Das, wofür man sich berufen fühlt, beruflich zu tun. Es bezieht sich darauf, welche Tätigkeiten oder Aufgaben im Einklang mit den eigenen Fähigkeiten und Werten stehen.

**Bestimmung:** Das innere Gefühl oder der Ruf, etwas Bestimmtes zu tun. Es bezieht sich auf das, was man tief in sich spürt, dass es sein Lebensweg oder seine Aufgabe ist.

**Buddhismus:** Eine Lehre, die in Asien entstanden ist und von einigen als Religion und von anderen als Philosophie betrachtet wird. Der Buddhismus basiert auf den Lehren von Siddhartha Gautama Buddha, der durch Meditation zur Erleuchtung gefunden haben soll. Meditation ist eine Technik zur Entspannung, Erdung und Zentrierung. Buddha soll die edlen vier Wahrheiten erkannt und verwirklicht haben, die die Grundlage des buddhistischen Glaubens bilden. Nach der Heirat und der Geburt eines Sohnes soll er auch die Erkenntnis von Alter, Krankheit und Tod gewonnen haben. Durch die Verinnerlichung des reinen Bewusstseins erlangte er absolute Weisheit.

# C

**Chakra:** Feinstoffliche Energiezentren zwischen dem physischen Körper und dem subtilen Körper des Menschen im tantrischen Hinduismus und Vajrayana-Buddhismus. Chakren sind durch Energiekanäle miteinander verbunden und haben jeweils spezifische Bedeutungen. Das Wort »Chakra« bedeutet auf Sanskrit »Rad«. Es gibt sieben Haupt-Chakren:

**Kronenchakra** ist Verbindung zum Göttlichen und höheren Selbst.

**Stirnchakra** (auch das dritte Auge genannt) macht dich weiser, intuitiver und du hast dadurch eine höhere Wahrnehmung von deinem Umfeld. Deine Sinne sind gestärkt und dadurch lebst du mehr nach deinen seelischen Bedürfnissen und bringst diese zum Ausdruck.

**Halschakra** bezieht sich auf das Sprechen. Menschen, die Schwierigkeiten haben, ihre Gedanken und Gefühle auszusprechen, deren Halschakra ist blockiert.

**Herzchakra** bezieht sich auf unser Herz, dass Lieben möchte. Menschen mit Vertrauensproblemen, Traumata, haben oftmals ihre Herzen verschlossen und können schwer Anderen wieder vertrauen und sich verlieben, z.B. in einer potentiellen Partnerschaft.

**Solarplexuschakra** beschäftigt sich mit unserer inneren Ausrichtung, die innere Energie, Kraft. Wofür brennen wir? Welche Ziele wollen wir erreichen?

**Sakralchakra** steht das Grundbedürfnis nach Kreativität, Talente, Gaben ausleben, aber auch für das innere Kind und unsere Traumata. Ebenso steht es für das Ausleben unserer Sexualität und unserem Selbstwertgefühl.

**Wurzelchakra** steht für das Grundbedürfnis nach einem Gefühl der Verbundenheit mit der physischen Welt und der Natur. Sich zu erden und zu zentrieren, damit man nicht ins Wanken gerät ist hierbei unabdingbar für den Menschen. Man steht fest in seinem Leben und kann klare Entscheidungen treffen, in jeder Lebenslage.

# D

**Der Heilige Gral**: Eine metaphorische Bezeichnung für die einzigartige und heilige Verbindung zwischen zwei Menschen, die in ihrer Beziehung angekommen sind. Der Begriff stammt aus dem Christentum und bezieht sich auf den Kelch, aus dem Jesus Christus getrunken haben soll. Der heilige Gral symbolisiert oft Macht, Erlösung und das ewige Leben.

**Diabetes mellitus Typ 1**: Bei dieser Erkrankung produziert die Bauchspeicheldrüse nach ca.2 Jahren Remissionsphase gar kein eigenes Körperinsulin mehr. Die Betroffenen müssen daher regelmäßig Insulin spritzen, um ihren erhöhten Blutzuckerspiegel zu senken. Diese Erkrankung benötigt eine 24/7 Betreuung. Je nach Alter und Entwicklungszustand des Kindes muss es sehr engmaschig, auch nachts begleitet werden. Folgende Symptome sind zu beachten: darunter starker Durst, vermehrter Harndrang, Gewichtsverlust, Schwindel, Übelkeit, Schwäche und im Extremfall Bewusstseinsstörungen bis hin zur Bewusstlosigkeit. Der HbA1c-Wert wird anhand von Messung des Blutzuckerspiegels festgelegt.

**Dom:** Abkürzung für »dominanter SexpartnerIn«. Meistens bezieht sich dies auf Männer, die sexuell dominierend sind und eine submissive oder devote Partnerin suchen, um ihre sexuellen Fantasien auszuleben.

**DualseelenpartnerIn:** Zwei Menschen, die trotz ihrer Gegensätzlichkeit auf einer tieferen Ebene miteinander verbunden sind. Sie ergänzen sich in ihren Stärken und Schwächen und ziehen sich trotz ihrer Unterschiede an.

**Dunkle Nacht der Seele**: Ein Zustand tiefer emotionaler Schmerzen und Verwirrung. Es kann eine Art Krise sein, in der man extreme Höhen und Tiefen erlebt. Es wird empfohlen, professionelle Hilfe in Anspruch zu nehmen, wenn dieser Zustand anhält.

## E

**Empathische Menschen**: Personen, die stark mit den Gefühlen und Bedürfnissen anderer in Resonanz gehen. Sie neigen dazu, sich mehr um andere zu kümmern und können oft ein Helfersyndrom haben. Es ist wichtig, Grenzen zu setzen, um sich selbst nicht zu vernachlässigen.

**Ego-Anhaftung:** Das Verhalten aus egoistischen Motiven, um persönliche Ziele zu erreichen, unabhängig von den Auswirkungen auf andere.

## F

**Farbenlehre:** Die Bedeutung, die verschiedenen Farben zugeschrieben wird. Farben können Emotionen und Bedeutungen symbolisieren. Zum Beispiel steht Grün für Heilung, Rosa für Selbstliebe, Schwarz für Schutz oder Trauer, Weiß für Neuanfang oder Reinheit, Blau für emotionale Balance und im Fluss sein, Rot für Leidenschaft und Liebe usw.

**Fuckboy:** Ein Begriff für eine Person, häufig Männer, die hauptsächlich an unverbindlichen sexuellen Beziehungen interessiert sind und keine ernsthaften Bindungen eingehen.

# G

**GefühlsklärerIn (Runer)**: Eine Person, die Liebe empfindet, aber Schwierigkeiten hat, ihre Emotionen auszudrücken. Sie können rationale Denker sein und ihre Handlungen und Worte können oft im Widerspruch zu ihren Gefühlen stehen.

**Ghosting:** Der plötzliche und komplette Kontaktabbruch in zwischenmenschlichen Beziehungen, ohne Vorwarnung oder Erklärung. Dies geschieht oft in Partnerschaften oder Freundschaften, nachdem zuvor Kontakt bestand.

**Glaubenssatz:** Eine überzeugende Annahme oder Überzeugung, die oft aufgrund von Erziehung, Erfahrungen oder kulturellem Hintergrund entsteht. Glaubenssätze beeinflussen oft unser Verhalten und unsere Wahrnehmung.

**Göttlich Männlicher:** Ein Mann, der in seiner Vollkommenheit und seinem authentischen Selbst agiert, im Einklang mit seinen wahren Werten und seinem inneren Wesen.

**Göttlich Weibliche:** Eine Frau, die in ihrer Vollkommenheit und ihrem authentischen Selbst handelt, im Einklang mit ihren wahren Werten und ihrem inneren Wesen.

# H

**Human Design**: Ein komplexes System, das verschiedene esoterische und wissenschaftliche Ansätze kombiniert, um die individuellen Persönlichkeitsmerkmale, Talente und Potenziale einer Person zu beschreiben. Es basiert auf Faktoren wie Astrologie, I Ging, Kabbala und mehr.

## K

**Karmischer Lernpartner:** Ein Mensch, mit dem du eine Verbindung aufgrund von karmischen Vereinbarungen oder Lektionen hast. Dies können langfristige Beziehungen sein, die auf Seelenverträgen basieren.

**Krafttier:** Ein Tier, das symbolisch eine Botschaft oder eine Energie für dich trägt. Krafttiere können dich inspirieren, unterstützen oder dir spirituelle Bedeutungen vermitteln.

## L

**Lektion:** Eine Lernerfahrung aus vergangenen Situationen, die dazu dient, alte Muster zu überwinden und sich persönlich weiterzuentwickeln.

**LoslasserIn:** Eine Person, die in einer Seelenverbindung oft dem anderen hinterherläuft und versucht, eine Beziehung zu erzwingen. Oft ist diese Person sehr liebevoll und konzentriert sich stark auf die Bedürfnisse des anderen, vernachlässigt jedoch ihre eigenen.

## M

**Match:** In der Dating-Welt bedeutet es, dass zwei Personen aufgrund von Gemeinsamkeiten zueinander passen könnten. Es gibt jedoch keine Garantie für eine tiefere Verbindung.

## N

**NarzisstIn:** Eine Person, die eine übermäßige Selbstverliebtheit zeigt und oft Empathie und Rücksichtnahme auf andere vermissen lässt. Narzissten können manipulativ sein und suchen oft nach Bewunderung und Aufmerksamkeit.

**Numerologie:** Eine esoterische Praxis, die die Bedeutung von Zahlen in unserem Leben untersucht. Bestimmte Zahlen oder Zahlenkombinationen können eine spirituelle Botschaft oder Bedeutung tragen.

## P

**Psychoanalytiker:** Ein Fachmann, der sich mit psychoanalytischer Theorie und Praxis beschäftigt, wie sie von Sigmund Freud entwickelt wurde. Psychoanalytiker untersuchen oft unbewusste Motivationen und innere Konflikte.

**Psycho-Physiognomik nach Carl Huter**: Eine Lehre, die die Persönlichkeit und Charakterzüge einer Person durch die Analyse ihres äußeren Erscheinungsbilds, insbesondere des Gesichts, interpretiert.

**PsychopathIn:** Eine Person mit einer psychopathischen Persönlichkeitsstruktur, die oft Empathielosigkeit, Manipulation und eine Neigung zum Schaden anderer aufweist.

# R

**Ratio/Rational:** Bezieht sich auf den Verstand oder die vernünftige Denkweise. Menschen neigen oft dazu, Entscheidungen aufgrund rationaler Überlegungen zu treffen, auch wenn ihre Intuition oder ihr Herz etwas anderes empfehlen.

**Resonanz:** Ein Zustand der Übereinstimmung oder Schwingung mit einer Situation oder Person. Es drückt aus, wie gut du mit etwas in Einklang bist.

# S

**Schattenthemen:** Emotionale oder psychische Themen, die aus vergangenen Verletzungen stammen und oft starke Reaktionen wie Trauer, Wut oder Angst auslösen.

**Schulz von Thun 4-Ohrenmodell**: Ein Kommunikationsmodell, das betont, dass Kommunikation auf verschiedenen Ebenen stattfindet: Sachinformation, Beziehungsinformation, Selbstoffenbarung und Appell. Es verdeutlicht, wie verschiedene Aspekte einer Botschaft wahrgenommen werden können.

**Seelenberührung:** Eine tiefe emotionale Berührung, die von einer besonderen Person ausgeht und auf eine unfassbare sinnliche und freudige Art und Weise empfunden wird.

**Seelenmensch:** Ein Seelenmensch ist dein Lieblingsmensch.

**SeelenpartnerIn:** In einer Liebesbeziehung lebt man mit einem Seelenpartner eine einzigartige Verbindung aus. Ein Seelenpartner ist anders. Man begegnet gewissermaßen seiner Zwillingsseele.

**Seelenstern:** Dieser Begriff bezieht sich auf Kinder. So nenne ich mein Kind.

**Seelenverschmelzung:** Dies beschreibt die hohe Anziehungskraft, bei der die körperliche Verschmelzung zu einer tiefen Verbindung führt.

**Seelenverwandter:** Ein Seelenverwandter ist jemand, dem du nahestehst. Du fühlst dich verstanden. Es können Freunde oder Familienangehörige sein.

**Seelenverträge:** Verbindliche Vereinbarungen, die wir mit einer oder mehreren Seelen vor unserer Geburt treffen. Diese Seelen bringen tiefgreifende Veränderungen in unser Leben.

**Selbstliebe:** Selbstliebe bedeutet, sich selbst zu lieben. Die vollkommene Akzeptanz seiner eigenen Person mit all seinen Macken, Stärken und Schwächen. Authentisch sein, ohne Maskerade.

**Selbstwertgefühl:** Selbstwertgefühl bedeutet, seinen eigenen Wert zu spüren, wie wertvoll man ist. Außerdem wird sich dein Wert niemals verschlechtern, egal wie Menschen dich behandeln. Du bleibst immer gleich wertvoll.

**Selbstbewusstsein:** Selbstbewusstsein bedeutet, sich seiner selbst bewusst zu sein, durch Sprache und Verhalten. Man hat eine innere Haltung, ohne Maskerade. Ein sicheres Auftreten auf allen Ebenen.

**Selbstsabotage:** Selbstsabotage bedeutet, seine eigenen Ziele, Chancen, Bedürfnisse oder Werte – bewusst oder unbewusst – zu behindern oder gar zu bekämpfen. Wer sich selbst sabotiert, steht damit seinem eigenen Erfolg im Weg und wird im Extremfall sein schlimmster Feind und innerer Kritiker.

**Spiritualität:** Spiritualität (von lateinisch »spiritus«, Geist, Hauch bzw. »spiro«, ich atme – wie altgriechisch ψύχω bzw. ψυχή, siehe Psyche) ist die Suche, die Hinwendung, die unmittelbare Anschauung oder das subjektive Erleben einer sinnlich nicht fassbaren und rational nicht erklärbaren transzendenten Wirklichkeit, die der materiellen Welt zugrunde liegt. Spirituelle Einsichten können mit Sinn- und Wertfragen des Daseins, mit der Erfahrung der Ganzheit der Welt in ihrer Verbundenheit mit der eigenen Existenz, mit der »letzten Wahrheit« und absoluten, höchsten Wirklichkeit, sowie mit der Integration des Heiligen, Unerklärlichen oder ethisch Wertvollen ins eigene Leben verbunden sein.

**Spirituelles Erwachen**: Spirituelles Erwachen ist ein individueller Prozess, der bei jedem Menschen anders verläuft und sich über Jahre hinweg entwickeln kann. An verschiedenen Merkmalen kannst du erkennen, dass du bereit für die Erleuchtung bist. Dazu gehört das Befreien von gesellschaftlichen Dogmen, das Leben der eigenen Berufung und Bestimmung, der Prozess des authentischen Seins. Das Ziel ist Glück, Gesundheit, Liebe und Fülle in jeglicher Form.

**SoziopathIn:** Ein Soziopath ist eine Person, bei der Beeinträchtigungen im zwischenmenschlichen Bereich (Manipulation, Betrug) auftreten. Es zeigen sich auch Probleme im affektiven Bereich (Empathiemangel, Rücksichtslosigkeit, flache Gefühle, Mangel an Schuldgefühlen und Reue). Impulsivität und antisoziales Verhalten (kriminell, Ausnutzung anderer, Verantwortungslosigkeit) sind ebenfalls charakteristisch.

**Strap-on-Dildo:** Ein Strap-on-Dildo ist ein Penis oder Vibrator, oft aus Silikon oder Kunststoff. Das Besondere ist das Geschirr, mit dem man das Spielzeug am eigenen Körper befestigt, um sexuelle Lust mit dem Partner auszuleben.

**»Sub«, Submissivität**: »Sub« steht für submissive, also unterwürfig. Submissivität bedeutet, dass eine Person sich dem Gegenüber gehorsam zeigt, sich ergeben und devot verhält, besonders in Bezug auf sexuelle Praktiken.

## U

**Universum:** Das Universum befasst sich mit allem, was wir als Menschen anfassen, fühlen, erkennen und wahrnehmen können. Es besteht aus Galaxien, Sternen, Staubwolken und Planeten. Manchmal kann ein besonderer Mensch dein persönliches Universum darstellen.

## Z

**Zwillingsseele:** Es entsteht sofort eine gesunde, vertrauensvolle Beziehung. Das Zusammensein ist harmonisch, warm und ruhig. Die Seelen, Körper und Geister scheinen wie eins zu sein. Grenzenlose Harmonie wird erlebt. Gleichklang. Neid und Missgunst haben keinen Raum. Man freut sich am Erfolg des anderen. Dies ist die bedingungslose Liebe mit dem Partner.

# Allgemeine Notizen

# Selbstreflektion